CONTEXTES

CONTEXTES
French for Communication

BARBARA FREED
University of Pennsylvania

ELIZABETH KNUTSON
Foreign Service Institute

NEWBURY HOUSE PUBLISHERS
A division of Harper & Row, Publishers, Inc.
Cambridge, New York, Philadelphia, San Francisco,
London, Mexico City, São Paulo, Singapore, Sydney

Sponsoring Editor: Laura McKenna
Project Editor: Brigitte Pelner
Text and Cover Design: Keithley Associates
Production Manager: Jeanie Berke
Production Assistant: Beth Maglione
Compositor: TAPSCO
Printer and Binder: Malloy Lithographing, Inc.
Cover Printer: Lynn Art Offset Corporation

Contextes: French for Communication

Library of Congress Cataloging in Publication Data

Freed, Barbara F.
  Contextes: French for communication/Barbara Freed, Elizabeth Knutson.
    p. cm.
  ISBN 0-06-632214-6
  1. French language—Textbooks for foreign speakers—English.
2. French language—Problems, exercises, etc.   I. Knutson,
Elizabeth.   II. Title.
PC2129.E5F74   1989
448.2′421—dc19   88-17587
                                                                        CIP

90 91 9 8 7 6 5 4

CONTENTS

READING ACTIVITIES

WRITING ACTIVITIES

PREFACE

Contextes is a collection of diverse activities designed to help students acquire both the underlying knowledge and the overt skills they need in order to use a foreign language appropriately, correctly, and spontaneously in a variety of contexts and settings, for a multitude of purposes, with different speakers, and in whichever language modality is appropriate to the situation. The primary focus of these activities is the intermediate level student; however, these activities will prove useful to many students who are in the midst of their first year of study of French as well as to many others who are in their third year of language study. Activities are designed to augment any foreign language text and can be integrated on a regular basis into the traditional or communicatively oriented syllabus or curriculum. While *Contextes* was conceived for use in an active learner-centered classroom, it can easily be used outside of the formal classroom.

Contextes is responsive to current second language acquisition theory as well as to national trends in foreign language education. To begin with, the majority of activities focus on message rather than form. While they do not disregard the importance of structural accuracy, it is the active and interactive use and exchange of information which will guarantee their successful completion. In addition, all materials are linguistically and culturally authentic. That is, they utilize genuine French language texts (literary and nonliterary); furthermore, the documents, forms, schedules, native speaker conversations and/or situational contexts that approximate the everyday native language context are not limited to continental France. Beyond this, most activities are interactive and are intended to be carried out in small groups of two to four students. The activities require negotiated meaning and an interactional sequence for completion. They also allow students to practice a variety of the language functions (reporting, requesting, informing, describing, etc.) which they will need to interact in the target culture and society. Finally, the activities were created to help students develop both sociolinguisitic and structural language skills.

The activities included in *Contextes* are organized by primary skill: Listening, Speaking, Reading, and Writing.

Although there are four distinct sections, all skills are interdependent and each section is designed to relate to the preceding and succeeding one. Within each skill section, activities appear in graduated order of difficulty. They are not, however, intended to be used in sequential order, but rather to be selected according to curricular need, student interest, topic and/or function. In selecting activities for student use you are *encouraged* to skip from section to section and skill to skill. It is also important to read the student activity and the Activity Notes in the *Instructor's Manual* to determine the exact linguistic, functional, and cultural content of any given activity.

A list of useful vocabulary, expressions, and abbreviations precedes many activities. The majority of activities are introduced in French, with directions to the student. In the case of the Speaking Activities and a strictly limited number of Reading or Writing Activities, student directions are provided in English. Such activities are signaled by the word *Context,* which suggests a highly interactive situational context. English is used to avoid direct translation or imitation by the student and because the scenario for the activity is occasionally more difficult than the activity itself.

The *Instructor's Manual* contains General Skill Notes, which provide background information regarding the implementation of listening, speaking, reading, or writing activities. Activity Notes describe each activity and provide comments on cultural and grammatical points, additional instructions for introducing or completing an activity, related activities in other skill areas, and suggestions for follow-up activities. The *Instructor's Manual* also includes the tape script for the activities and accompanying student tape in the Listening section of the text.

Acknowledgments

This book has evolved from a collection of activities developed for the proficiency-based classroom under the aegis of the Regional Center for Language Proficiency (RCLP) at the University of Pennsylvania. The RCLP was created by virtue of a grant from the Fund for the Improvement of Post Secondary Education to the American Council for the Teaching of Foreign Languages. Acknowledgment is made of their contribution to the initial version of some of these activities.

Numerous individuals, too many to name, played an important role in the collection, creation, and development of the activities in this book. Appreciation is extended to Elizabeth Lantz, who initially guided us in transforming a rough series of classroom activities into an early conception of this book; Barbara Nordeen for painstaking typing of earlier drafts; Brigitte Schneegans, for her assistance with technical aspects of the manuscript; Teaching Assistants in French at the University of Pennsylvania who tested and recorded listening activities; Kate McMahon and the Audio-Visual Center at the University of Pennsylvania for cooperation in the technical aspects of the Listening Activities; and Shearer Weigert for tedious revisions and meticulous attention to the final preparation of the manuscript.

Barbara Freed
Elizabeth Knutson

LISTENING ACTIVITIES

1. Salle d'attente

Ecoutez la bande; ensuite lisez les questions suivantes et essayez d'y répondre. Ecoutez la bande une deuxième fois, et vérifiez vos réponses.

1. Cette conversation a lieu
   a. chez Mme Barrault et son mari
   b. à une école maternelle
   c. au cabinet d'un médecin

2. Mme Barrault et Mme Bontout
   a. se rencontrent pour la première fois
   b. habitent le même quartier
   c. sont de très bonnes amies

3. Mme Bontout se plaint
   a. du temps qu'il fait
   b. de son mari
   c. de son enfant

4. Mme Barrault dit que
   a. son petit dernier va à l'école
   b. son mari ne va pas très bien
   c. elle attend une amie

2. Samedi soir

Lisez les phrases suivantes. Ensuite écoutez la bande et décidez si elles sont vraies ou fausses. Ecoutez la bande une deuxième fois et vérifiez vos réponses.

1. Josiane téléphone à Henri.

2. Henri suggère d'aller voir un film.

3. Josiane accepte tout de suite.

4. Elle a déjà vu *Casa Blanca.*

5. Deux autres amis iront voir le film.

6. Ils iront dîner au restaurant d'abord.

7. Henri ira chercher Josiane chez elle, puis ils iront retrouver Georges et Marie-Christine au restaurant.

8. Josiane habite 15, rue Vivienne.

9. Henri passera prendre Josiane vers 7 heures ou 7 heures et demie.

3. Vous désirez?

Lisez les questions suivantes. Ensuite écoutez la bande et choisissez la bonne réponse. Ecoutez la bande une deuxième fois, et vérifiez vos réponses.

1. La cliente et le vendeur se parlent
   a. au rayon bijouterie d'un magasin
   b. au téléphone
   c. dans la rue, près d'un étalage de montres

2. Le vendeur demande à la cliente
   a. de consulter le catalogue
   b. de décrire son mari
   c. de se décider plus vite

3. La femme cherche
   a. une montre digitale
   b. une montre avec des chiffres romains
   c. une montre suisse

4. Le vendeur lui montre
   a. plusieurs modèles différents
   b. trois montres contemporaines
   c. deux montres, l'une moderne, l'autre classique

5. La femme trouve le prix
   a. trop élevé
   b. trop bon marché
   c. acceptable

6. Le vendeur
   a. lui fait un paquet cadeau
   b. lui dit d'aller à la caisse
   c. lui explique qu'il ne peut pas lui faire un paquet cadeau

4. Pour aller à la fac

A. Ecoutez la bande, et en écoutant, numérotez les endroits ci-dessous selon l'ordre dans lequel vous les entendez.

la Loire _____

la faculté des lettres _____

l'avenue Grammont _____

la rue du Hallebardier _____

la place Jean-Jaurès _____

la rue Danton _____

l'Hôtel de ville (la mairie) _____

la rue Nationale _____

B. Ensuite étudiez la carte pour y trouver chacun de ces endroits. Enfin écoutez la bande une deuxième fois, et en écoutant, tracez sur la carte la route indiquée.

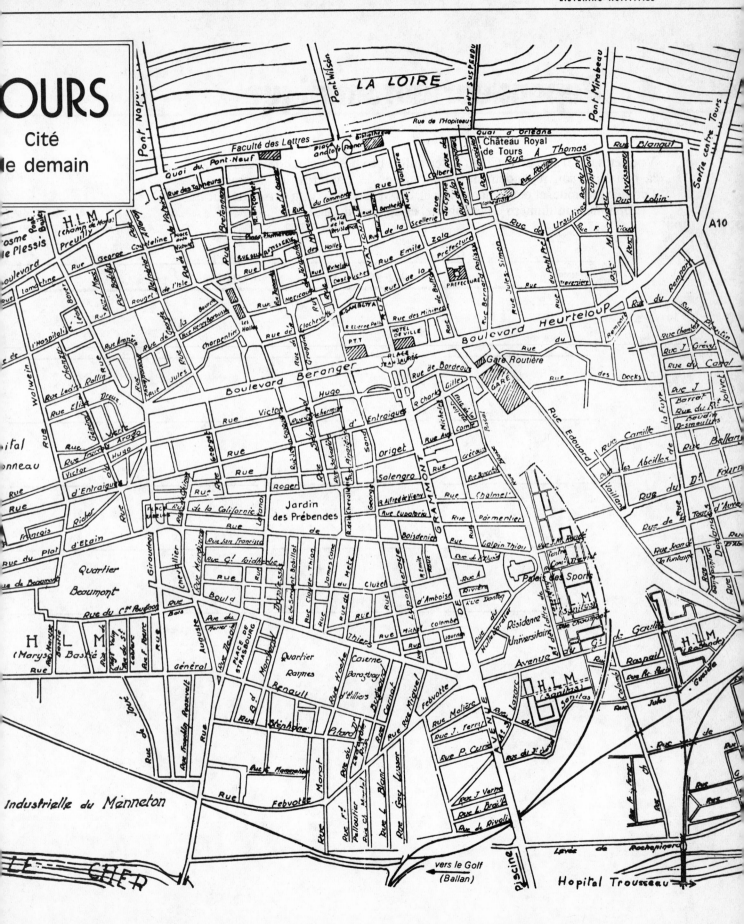

5. Répondeur automatique

Vous êtes un(e) ami(e) de Chantal Perrault. Elle vous a demandé d'écouter la bande de son répondeur automatique, et de transcrire les messages. Ecoutez la bande, et pour chaque appel, écrivez le nom de la personne qui a téléphoné, son numéro de téléphone, et de quoi il s'agit.

Personne	No. de téléphone	Au sujet de . . .
1.		
2.		
3.		
4.		
5.		

6. Musée du Louvre

A. Vous téléphonez au Musée du Louvre pour avoir quelques renseignements. Vous voulez savoir:

> À quelle station de métro se trouve le musée
>
> Les heures d'ouverture le samedi
>
> Le prix d'entrée
>
> Quelles expositions spéciales il y a en ce moment
>
> S'il y a un restaurant
>
> Un numéro de téléphone pour d'autres renseignements

B. Ecoutez la bande et notez les informations qu'il vous faut.

> **Métro:**
>
> **Heures d'ouverture le samedi:**
>
> **Prix d'entrée:**
>
> **Expositions:**
>
> **Restaurants:**
>
> **No. de téléphone:**

7. Contravention

Ecoutez la bande une première fois pour la compréhension générale. Ensuite lisez les phrases suivantes. Ecoutez une deuxième fois, et décidez si elles sont vraies ou fausses.

1. Cette conversation a lieu dans la rue.

2. La femme roulait trop vite.

3. La femme n'a pas tous les papiers que l'agent demande.

4. La femme proteste que sa mère est malade et qu'elle doit rentrer vite.

5. L'agent est compréhensif.

6. La femme ne sait pas quoi répondre quand l'agent lui dit qu'il y avait des enfants au bord de la route.

7. Le tarif de l'amende paraît cher à la femme.

8. La femme a trois semaines pour payer l'amende.

9. L'agent lui dit que si elle ne paie pas l'amende, elle pourra perdre son permis de conduire.

VOCABULAIRE UTILE

agglomération, f. *town, urban area*

amende, f. *fine*

carte grise, f. *registration*

contravention, f. *ticket*

en règle *in order*

permis de conduire m. *driver's license*

rouler *to drive*

tarif, m. *fine, price*

timbre fiscal, m. *excise stamp*

tribunal, m. *court*

8. Poisson d'avril

Ecoutez la bande une première fois pour la compréhension générale. Ensuite lisez les questions suivantes, et écoutez la bande une deuxième fois pour y répondre.

1. Quelle est la relation entre les deux personnes qui parlent?

2. Comment se fait-il que l'étudiant a pu passer une année en Californie?

3. Quand est-ce que l'étudiant a reçu la grande nouvelle?

4. Quelle a été sa réaction?

5. Quelle a été la réaction de sa mère?

6. Qu'en pensaient les autres personnes?

7. Qu'est-ce qui s'est passé quand il est parti finalement?

VOCABULAIRE UTILE

avaler *to swallow*

bourse, f. *scholarship*

D.E.A. Diplôme d'études avancées

faire une demande *to apply*

licence, f. *university degree (similar to a B.A.)*

maîtrise, f. *university degree (similar to an M.A.)*

nommer *to appoint, nominate*

Poisson d'avril, m. *April Fool's joke*

veinard, m. *lucky dog*

9. Au supermarché

A. Ecoutez la bande une première fois pour la compréhension générale. Ensuite répondez aux questions suivantes.

1. Est-ce que ces deux personnes se connaissent bien? Comment le savez-vous?

2. Quel est le ton de la discussion?

3. Quel problème se pose au supermarché?

4. Quelle solution trouvent-ils à la fin?

B. Lisez la liste de suggestions suivantes. Ecoutez la bande une deuxième fois, et pour chaque suggestion proposée, indiquez pourquoi elle est refusée par Paul.

Suggestions	Pourquoi pas?
1. du bœuf bourguignon	
2. du poisson	
3. des pommes de terre	
4. appeler la mère de Paul	
5. des sandwiches	

10. A la gare

Lisez les questions suivantes d'abord. Ensuite écoutez la bande. Vous entendrez plusieurs annonces de l'arrivée et du départ de trains. Donnez les informations appropriées. Enfin, écoutez une deuxième fois pour vérifier vos réponses.

VOCABULAIRE UTILE

à destination de *going to*

correspondance, f. *connection*

desservir *to stop at* (*train*)

en provenance de *coming from*

navette, f. *shuttle*

quai, m. *platform*

voie, f. *track*

1. Dans quelques minutes, vous devez rencontrer un ami qui arrive d'Angers. Sur quelle voie va arriver le train que vous attendez?

   Voie ——

2. Vous attendez le train qui arrive de Châteaudun. Sur quelle voie devez-vous aller?

   Voie ——

3. Vous partez pour Paris. Quel est le numéro de votre train, et sur quelle voie vous faut-il aller?

   Numéro du train —— Voie ——

4. Vous êtes monté(e) dans le train à Bordeaux; votre destination est Loches. Vous arrivez à Tours dans quelques instants. Sur quelle voie devez-vous aller, et à quelle heure va partir votre train?

   Voie ——

   Heure ——

11. Paroles et musique

A. Vous entendrez une revue critique d'un film à la radio. Ecoutez une première fois, et essayez de répondre aux questions suivantes.

1. Quel est le nom du film?

2. Est-ce que la critique est favorable ou non?

3. Est-ce le film d'un concert rock, une histoire d'amour, ou une comédie musicale?

B. Lisez les questions suivantes. Ecoutez la bande une deuxième fois, et écrivez vos réponses.

1. Qui sont les personnages principaux du film?

2. Qu'est-ce qui se passe dans le film?

3. Les acteurs jouent-ils bien?

VOCABULAIRE UTILE

avoir l'étoffe de *to have the makings of . . .*

brio, m. *brilliance*

copain, m. *friend, pal*

coup de foudre, m. *love at first sight*

interprétation, f. *acting*

long métrage, m. *feature film*

réalisation, f. *direction*

se débrouiller *to manage*

tube, m. *hit song*

SPEAKING ACTIVITIES

12. Restaurants bruxellois: Les bonnes adresses

Context

You will work with another student on this activity. You want to go out for Sunday lunch in Brussels and will call up restaurants to get the information you need. Your partner will answer your questions over the telephone.

First student

Call up each of the five restaurants listed, and ask whether each restaurant is open on Sunday afternoons. If so, ask for the address and jot it down, find out the price of a meal, and also ask which credit cards are accepted. Call in order of names listed.

LA PORTE DES INDES
TEL. 02/647.86.51 - 640.30.59

LE FOUQUET'S
TEL. 647.69.20

Le Baluchon
374.52.81

TEL. 02/230.56.27

AU PRINCE D'ORANGE
T. 374.48.71 — 375.57.42

Second student

You will answer the telephone call and provide the information requested.
Take a few minutes to look over the restaurant ads before beginning.

13. Aménagement

Context

You will work with a partner on this activity. One of you will play the role of an interior decorator, the other a client needing advice on furnishing a room.

First student

You are the interior decorator. You have the completed floor plan. Your task is to give instructions to your client on where to place each piece of furniture in the room. (You must do this through speaking alone, i.e., without pointing or looking at your partner's diagram.)

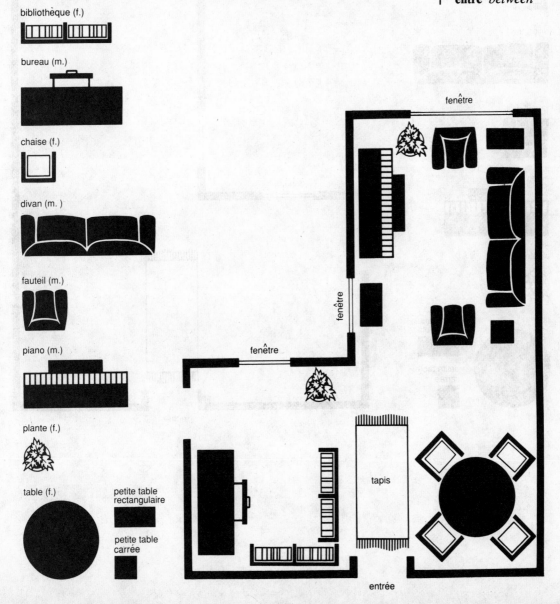

bibliothèque (f.)

bureau (m.)

chaise (f.)

divan (m.)

fauteil (m.)

piano (m.)

plante (f.)

table (f.)

petite table rectangulaire

petite table carrée

fenêtre

fenêtre

fenêtre

tapis

entrée

Second student

You are the client. You have the blank diagram. The decorator will give instructions as to where to draw in all the furniture in the room. (You can ask for repetition or clarification as often as you like, but you can't look at your partner's floor plan.)

When you have finished, compare your floor plans to see if they are the same!

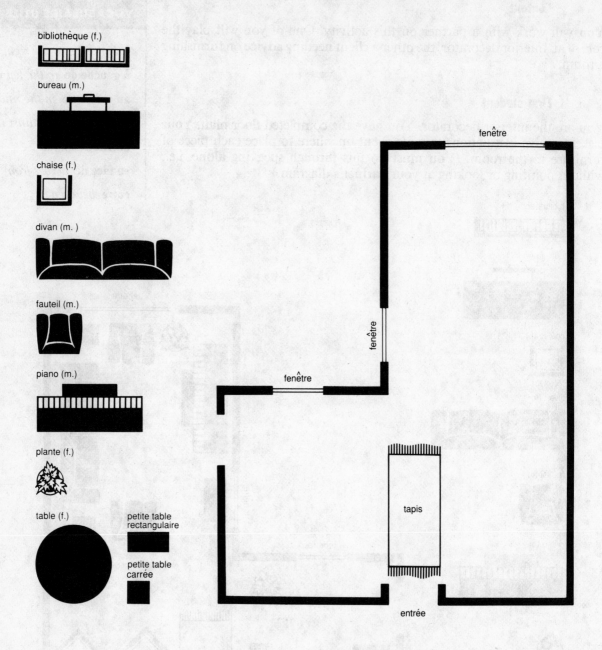

bibliothèque (f.)

bureau (m.)

chaise (f.)

divan (m.)

fauteuil (m.)

piano (m.)

plante (f.)

table (f.)

petite table rectangulaire

petite table carrée

fenêtre

fenêtre

fenêtre

tapis

entrée

14. Géographie de l'Afrique francophone

Context

You will work with a partner on this activity to practice learning the geography of French-speaking sub-Saharan Africa. One of you will have a map of Africa with names of Francophone countries filled in. The other will receive a blank map.

First student

You have the completed map. Your task is to give instructions to your partner on where each country is located. The only country on your partner's map is Niger, so that must be your point of departure.

Second student

You have the blank map. Your partner will tell you where to write in each country name. He or she will begin using Niger as a point of reference. You can ask for repetition or clarification as often as you like, but you can't look at his or her map.

When you have finished, compare maps to check for accuracy.

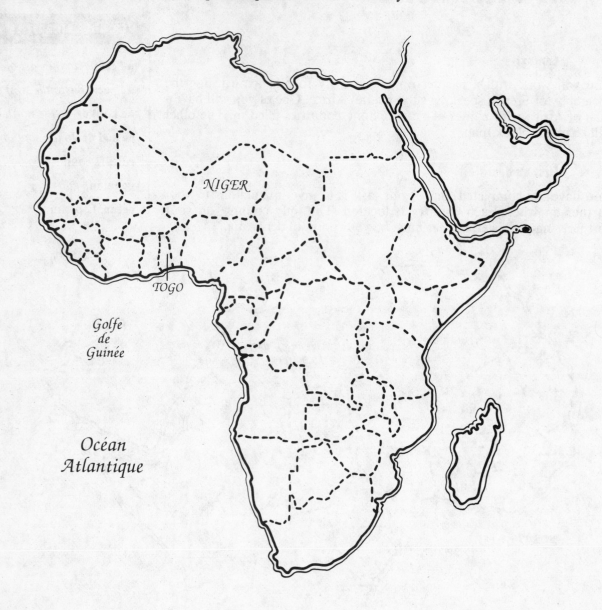

15. Rendez-vous

Context

You and a friend would like to get together this week to make plans for a party. Working with a partner, look at your calendar, tell your friend when you're free, and find out when he or she is free. You need to find a day and time when you can both meet for at least two hours. When you settle on a date, time, and place to meet, mark it down on your calendar.

Note: You are not allowed to look at each other's calendars!

octobre

	matin	après-midi
LUNDI 15	8 / 9 Bibliothèque / 10 9h à 12h / 11 / 12 12h30 déjeuner / 13 Paul, Sylvie	14 / 15 / 16 / 17 / 18 / 19 dîner - La Coupole
MARDI 16	8 / 9 Bibliothèque / 10 9h à 12h / 11 / 12 / 13	14 / 15 / 16 / 17 / 18 Cinéma "Guerre des / 19 étoiles"
MERCREDI 17	8 / 9 / 10 / 11 / 12 / 13	14 / 15 / 16 / 17 / 18 / 19
JEUDI 18	8 / 9 Bibliothèque / 10 9h à 12h / 11 / 12 / 13	14 dentiste / 15 / 16 / 17 / 18 / 19
VENDREDI 19	8 / 9 / 10 Galeries Lafayette / 11 Cadeau pour Maman / 12 / 13	14 / 15 Garage - réparer la / 16 voiture / 17 / 18 / 19 Théâtre - Jeanne
SAMEDI 20	8 / 9 / 10 Supermarché / 11 / 12 / 13	14 / 15 / 16 / 17 / 18 / 19
DIMANCHE 21		Pique-nique / téléphoner à Claude

23

octobre

		matin		après-midi
LUNDI 15	8 9 10 11 12 13	Bureau 9h à 5h	14 15 16 17 18 19	Réception - Galerie Montparnasse
MARDI 16	8 9 10 11 12 13	Gare de Lyon départ 8h retour 18h	14 15 16 17 18 19	
MERCREDI 17	8 9 10 11 12 13	Bureau 9h à 4h	14 15 16 17 18 19	Coiffeur 17h30 dîner chez Alain
JEUDI 18	8 9 10 11 12 13	Bureau 10h à 5h	14 15 16 17 18 19	Cours de gymnastique
VENDREDI 19	8 9 10 11 12 13	Bureau 10h à 5h déjeuner chez M. et Mme Bresolier	14 15 16 17 18 19	
SAMEDI 20	8 9 10 11 12 13	Lyon	14 15 16 17 18 19	
DIMANCHE 21		Lyon		

16. Vieux Montréal

Context

You will work with another student on this activity. One of you will play the role of a tourist in old Montreal who goes into the Municipal Tourist Information Center to get some information. The other will play the role of an employee at the Center.

First student

You are visiting Montreal, and have gone into the Municipal Tourist Information Center to get some information. You would like to visit a few places which were recommended to you by a friend: Notre-Dame Basilica, Place Royale, Place Jacques Cartier, and City Hall. Find out how to get to these places from the Information Center. In addition, you would like to stop at a few gift shops. Ask directions to the streets where the shops advertised are located. Thank the person for his or her help and say good-bye.

VOCABULAIRE UTILE

à droite *to the right*

à gauche *to the left*

à l'angle de la rue *at the corner of the street*

en face de *across from*

en haut de la rue *at the end of the street*

vous descendez *you go down*

vous montez *you go up*

vous prenez la rue . . . *you take . . . Street*

vous tombez sur l'avenue . . . *you come to . . . Avenue*

vous traversez *you cross*

invitation
à 20% de rabais
en présentant ce coupon

LANCÔME
PARFUMS

VÊTEMENTS
ACCESSOIRES

ANTIQUITÉS

NETTOYAGE À SEC
REPARATIONS

emballage-cadeau

service personnalisé

HEURES
D'AFFAIRES:
LUN—MER
8h - 18h
JEU—VEN
8h - 20h
DIMANCHE
10h - 18 h

844-3541

LA MAISON DES GÂTERIES DE SUZANNE

9, ST FRANÇOIS-XAVIER
ONTRÉAL, P.Q. H2Y 2T1

LA BOÎTE À CADEAUX
DU VIEUX MONTRÉAL (1984) INC.
363, St-François-Xavier
Vieux Montréal
288-0314

du bé bi bo
VÊTEMENTS POUR ENFANTS
DESIGN ET CONFECTION

455, Saint-Sulpice
Vieux Montréal,
Tél.: 845-6991

Jocelyne Dubé
Sylvie Bibeau

25

Second student

You work at the Municipal Tourist Information Center (marked as ? on the map, near no. 30; see "Légende"). A tourist comes in to get some information. He or she asks directions to: Notre-Dame Basilica (no. 2), Place Royale (no. 13), Place Jacques Cartier (no. 17), and City Hall (no. 29). In addition, he or she asks directions to a few streets for shopping (Rue Saint-Sulpice and Rue St.-François Xavier). Show him or her the map of old Montreal and, using the map, give directions to each of these places. Wish the person a pleasant visit, and say good-bye.

ATTRAITS
VIEUX MONTRÉAL
POINTS OF INTEREST

LES NUMÉROS CORRESPONDENT AUX CHIFFRES ENCERCLÉS SUR LA CARTE
NUMBERS CORRESPOND TO FIGURES ENCIRCLED ON MAP

1 PLACE D'ARMES: MONUMENT DE MAISONNEUVE
   PLACE D'ARMES, DE MAISONNEUVE MONUMENT

2 BASILIQUE NOTRE-DAME
   NOTRE-DAME BASILICA

3 SÉMINAIRE DE SAINT-SULPICE
   SAINT-SULPICE SEMINARY

4 MUSÉE DE LA BANQUE DE MONTRÉAL
   BANK OF MONTREAL MUSEUM

5 MAISON DE LOTBINIÈRE
   DE LOTBINIÈRE HOUSE

6 THÉÂTRE CENTAUR
   CENTAUR THEATRE

7 PLACE D'YOUVILLE
   PLACE D'YOUVILLE

8 CENTRE D'INTERPRÉTATION DE L'HISTOIRE DE MONTRÉAL
   MONTRÉAL HISTORY CENTER

9 HÔPITAL GÉNÉRAL
   GENERAL HOSPITAL

10 IMMEUBLE DES DOUANES
   CUSTOMS HOUSE

11 ÉCURIES D'YOUVILLE
   D'YOUVILLE STABLES

12 POINTE À CALLIÈRES
   POINTE À CALLIÈRES

13 PLACE ROYALE
   PLACE ROYALE

14 L'OBÉLISQUE
   THE OBELISK

15 NOUVEAU PALAIS DE JUSTICE
   NEW COURTHOUSE

16 MAISON DEL VECCHIO
   DEL VECCHIO HOUSE

17 PLACE JACQUES-CARTIER
   PLACE JACQUES-CARTIER

18 COLONNE NELSON
   NELSON COLUMN

19 MAISON VANDELAC
   VANDELAC HOUSE

20 MAISON CARTIER
   CARTIER HOUSE

21 HÔTEL RASCO
   RASCO HOTEL

22 ÉDIFICE DU MARCHÉ-BONSECOURS
   BONSECOURS MARKET

23 CHAPELLE NOTRE-DAME-DE-BON SECOURS
   NOTRE-DAME-DE-BON-SECOURS CHAPEL

24 MAISON DU CALVET
   DU CALVET HOUSE

25 MAISON PAPINEAU
   PAPINEAU HOUSE

26 PARC HISTORIQUE NATIONAL SIR GEORGES-ÉTIENNE CARTIER
   NATIONAL HISTORIC PARK SIR GEORGES-ÉTIENNE-CARTIER

27 MAISON DE BEAUJEU
   DE BEAUJEU HOUSE

28 CHÂTEAU RAMEZAY (MUSÉE)
   CHÂTEAU RAMEZAY (MUSEUM)

29 HÔTEL DE VILLE
   CITY HALL

30 MONUMENT ET PLACE DE VAUQUELIN
   VAUQUELIN MONUMENT (SQUARE)

31 VIEUX PALAIS DE JUSTICE
   OLD COURTHOUSE

32 ÉDIFICE ERNEST-CORMIER (MINISTÈRE DES AFFAIRES CULTURELLES)
   ERNEST CORMIER BLDG. (MINISTÈRE DES AFFAIRES CULTURELLES)

33 MAISON LA SAUVEGARDE
   LA SAUVEGARDE HOUSE

34 RUE DES ARTISTES
   RUE DES ARTISTES

35 IMAGES DU FUTUR
   IMAGES OF THE FUTURE

36 LES CROISIÈRES DU PORT DE MONTRÉAL
   HARBOUR CRUISES

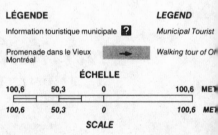

LÉGENDE		LEGEND
Information touristique municipale ?		Municipal Tourist
Promenade dans le Vieux Montréal →		Walking tour of Ol

ÉCHELLE

100,6	50,3	0		100,6 MET
100,6	50,3	0		100,6 MET

SCALE

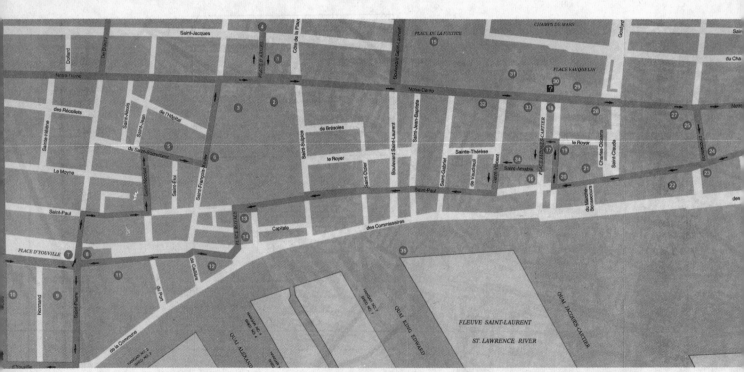

17. Au téléphone

Context

You will work with another student on this activity, which consists of making plans on the telephone to see a movie with a friend. Each of you should look over the schedule of movies playing in your neighborhood before talking on the phone.

First student

Call your friend up on the phone, suggest going out to the movies on Friday night, and discuss which movie to see. If the movie you both decide on is playing in your neighborhood (Les Halles), give your friend the following information: name of the movie theater, address, price of ticket, and time. If the movie is playing in your friend's neighborhood, he or she will give you that information. Agree on a time and place to meet.

VOCABULAIRE UTILE

carte fidélité, f. *membership card*

salle, f. *theatre*

séance, f. *show*

tarif réduit, m. *reduced price*

tarif unique, m. *one price only*

ABREVIATIONS

Pl *Places*

tlj *tous les jours*

perm de 14h. à 24h. *continuous shows from 2:00 to midnight*

sf *sauf*

M *Métro*

v.o. *version originale*

v.f. *version française*

---

1 | **les halles**

1 CHATELET-VICTORIA 19, av. Victoria. 508.94.14. M Châtelet. Perm de 14h à 24h. Pl : 25 F. Lun, tarif unique : 18 F. Etud, CV, chômeur, soldats sf Ven à partir de 18h, Sam, Dim et Fêtes : 18 F. Séances pour groupes organisées le matin sur demande (pl. 14 F).
2 salles :

Officier et gentleman v.o. 12h50 ; *American gigolo* v.o. 15h05 et Ven, Sam 0h30. *Les Uns et les autres* 17h05 ; *The Rose* v.o. 20h10. *Que le spectacle commence* v.o. 22h30.
Le Bal des maudits v.o. 13h. *Butch Cassidy et le Kid* v.o. 16h20. *Coup de cœur* v.o. 18h20 ; Sam 0h15. *A bout de souffle made in USA* v.o. 20h25. *Phantom of the paradise* v.o. Int — 13 ans. 22h20. *Caligula* v.o. Int — 18 ans Ven 0h15.

2 LES FORUMS CINEMAS ARC-EN-CIEL Rue de l'Arc-en-Ciel. Forum des Halles. Mº Châtelet et Les Halles. 297.53.74. Niveau-3. Perm de 14h à 24h. Pl : 30 F. Etud C.V., scolaires, — 18 ans, + 60ans, familles nombreuses : 21 F du Mar au Ven de 14h à 17h30 (sf Sam, Dim, Fêtes et veilles de fêtes), tlj avant 17h30 (Sf Dim pour les — 18 ans et 60 ans.) et Lun, prix unique : 21 F.
4 salles :

La Femme publique Int — 13 ans.
Séances : 13h30, 15h45, 18h, 20h15, 22h30.
La Malle de Singapour v.o.
Séances : 14h05, 16h05, 18h05, 20h, 22h10.
Notre histoire
Séances : 13h30, 15h40, 17h50, 20h05, 22h15.
L'Homme qui en savait trop v.o.
Séances : 14h20, 16h45, 19h10, 21h40.

3 LES FORUMS CINEMAS ORIENT-EXPRESS Rue de l'Orient-Express niveau-4. 233.42.26. Mº Châtelet, Les Halles. Perm de 14h à 24h. Pl : 30 F. Tlj avant 17h30 (Sf Dim pour les — 18 ans et 60 ans.) et Lun tarif unique : 21 F. Etud, C.V., — 18 ans, + 60 ans, familles nbreuses du Mar au Ven de 14h à 17h30 : 21 F.
6 salles :

Vidéodrome v o. **Int** — **13 ans.**
Séances : 13h45, 15h50, 17h55, 20h, 22h05.
Les Trente neuf marches v.o.
Séances : 13h50, 15h55, 18h, 20h05, 22h10.
Footloose v.o.
Séances : 13h40, 15h45, 17h50, 19h55, 22h.
Meurtre dans un jardin anglais v.o.
Séances : 13h50, 15h55, 18h, 20h05, 22h10.
Jeune et innocent v.o.
Séances : 14h10, 16h10, 18h10, 20h10, 22h10.
Cent jours à Palerme
Séances : 14h05, 16h05, 18h05, 20h05, 22h05.

4 GAUMONT LES HALLES 1-3, Rue Pierre-Lescot. Forum des Halles. Niveau-3. Mº Les Halles et Châtelet. 297.49.70. Perm de 14h à 24h. Lun tarif unique : pl : 21 F, pour les — 18 ans et les + 60 ans du Dim 20h au Mar 19h. Pl : 21 F. Etud, C.V. du Lun au Ven, de 14h à 18h, pl : 21 F.
6 salles :

Il était une fois en Amérique v.o. (Pl : 45 F. Tarif réduit : 29 F.)
Séances : 14h15 et 19h45.
La Forteresse noire v.o. Mer, Jeu.
Le Succès à tout prix v.o. A partir de Ven. Perm de 14h à 24h.
La Pirate Int — 13 ans.
Séances : 14h20, 16h20, 18h20, 20h20, 22h20.
Osterman week-end v.o.
Séances : 13h50, 15h55, 18h05, 20h10, 22h15.
Un dimanche à la campagne
Séances : 14h20, 16h20, 18h20, 20h20, 22h20.
Fort Saganne (Pl : 33 F et 23 F.)
Séances : 13h50, 17h20, 20h50.

Second student

A friend will call you up and suggest going to the movies on Friday night. Say that you'd like to go, and discuss which movie to see. If the movie you agree on is playing in your neighborhood (Ternes-Passy), give your friend the following information: name of the movie theatre, address, price of ticket, and time. If the movie is playing in your friend's neighborhood, she or he will give you that information. Agree on a time and place to meet.

17 ternes - passy

215 ACACIAS 45 bis Rue des Acacias. 764.97.83. M° Etoile, Ternes, Argentine. **Fermeture pour travaux.**

216 LA BOITE A FILMS 42 Av. de la Grande-Armée. 622.44.21. M° Argentine. Pl : 25 F. Pour les — 18 ans, et + 65 ans, étud., tlj sf Ven soir, Sam, Dim : 17 F. Séances spéciales.
2 salles :
Les Malheurs de Heidi v.f. Mer, Sam, dim 14h15. *L'Homme blessé* Int — 13 ans. Jeu, Ven, Lun, Mar 14h15. *Jonathan Livingston le goéland* v.o. Tlj à 16h10. *L'Arnaque* v.o. Mer, Sam, Dim 18h. *Le Balcon* v.o. Jeu, Ven, Lun, Mar 18h. *Les Chariots de feu* v.o. Tlj à 20h10. *Délivrance* v.o. Int — 13 ans, Ven, Sam, Dim 22h15. *L'Homme qui venait d'ailleurs* v.o. Mer, Jeu, Lun, Mar 22h15 ; Ven, Sam 0h15.

Le Petit lord Fauntleroy Mer, Sam 13h45. *Le Seigneur des anneaux* v.o. Mer, Sam, Dim 15h45. *Sa majesté des mouches* v.o. Jeu, Ven, Dim, Lun, Mar 14h. *Querelle* v.o. Int — 13 ans. Jeu, Ven, Lun, Mar 15h45. *Cruising* v.o. Tlj à 18h. *La Maîtresse du lieutenant français* v.o. Tlj à 19h50. *Le Ciel peut attendre* v.o. Mer, Jeu, Ven, Sam 22h. *Taxi Driver* v.o. Int — 18 ans. Dim, Lun, Mar 22h. *Faut trouver le joint* v.o. Ven, Sam 0h30.

217 CALYPSO 27 Av des Ternes. 380.30.11. M° Ternes. Perm 14h à 24h. Pl : 26 F. Tarif réduit : 18 F. Séances spéciales le matin pour groupes.
L'Attente des femmes v.o. Jeu, Ven, Lun, Mar 14h.
Toutes ces femmes v.o. Jeu, Ven, Lun, Mar 16h.
Le Visage v.o. Jeu, Ven, Lun, Mar 18h ; Dim, Lun 20h.
Pendez-moi haut et court v.o. Tlj à 22h.
Fanny et Alexandre (version courte) v.o. Tlj à 19h.
Possession Int — 18 ans. Tlj à 22h10.
Le Roi et l'oiseau Mer, Sam, Dim 17h40.
Un bon petit diable Mer, Sam, Dim 16h.
Les Malheurs de Sophie Mer, Sam, Dim 14h.
A travers le miroir v.o. Tlj à 14h15.
La Source v.o. Tlj à 16h30.

222 NAPOLEON 4 Av de la Grande-Armée. 755.63.43. M° Etoile. Perm de 14h à 24h. Pl : 29 et 27 F. Tarif réduit : 19 F. Lun tarif unique 19 F. CV : 19 F.
4 salles :
Blanche-Neige et les 7 nains v.f.
Séances : 14h15, 16h35, 18h50, 21h05.
Le Nouvel amour de coccinelle v.f.
Séances : 14h25, 16h20, 18h15, 20h10, 22h.
Les Aristochats v.f.
Séances : 14h25, 16h20, 18h15, 20h10, 22h.
Merlin l'enchanteur v.f.
Séances : 13h50, 15h55, 18h, 20h, 21h55.

223 PARAMOUNT MAILLOT Pl de la Porte-Maillot, dans le complexe du Palais des Congrès, 758.24.24. M° Porte-Maillot. Perm 14h à 24h. Pl : 31 F. Lun toute la journée (sf fêtes et veilles de fêtes) : tarif unique, Pl : 19 F. Pour les — 18 ans, les + 65 ans et chômeurs, le Dim à partir de 20h et le Mar jusqu'à 19h, Pl : 19 F. C.V. (Mar, Mer, Jeu, Ven de 14h à 18h), Pl : 19 F.
4 salles :
Il était une fois en Amérique v.f. (Pl : 45 F. Tarif réduit : 30 F.)
Séances : 14h30 et 20h.
Notre histoire
Séances : 13h40, 15h50, 18h, 20h10, 22h20.
Fort Saganne Dolby stéréo (pl : 34 F. Tarif réduit : 21 F).
Séances : 13h55, 17h30, 21h10.
Viva la vie
Séances : 13h40, 15h50, 18h, 20h10, 22h20.

224 STUDIO DE L'ETOILE 14 Rue Troyon. M° Etoile. 380.42.05. Pl : 25 F. Tarif réduit : 18 F. Lun tarif unique : 18 F. Séances pour groupes sur demande : 16 F.
La Bible
Mer, Sam, Dim 14h, 16h, 18h ; Jeu, Ven, Lun, Mar 16h, 18h, 20h.
Carmen (de Carlos Saura) v.o.
Mer, Sam, Dim 20h, 22h ; Jeu, Ven, Lun, Mar 14h et 22h.

18. Le shopping aux Galeries Lafayette

Context

You will work with another student on this activity. One of you will play the role of a shopper and the other a clerk at the French department store, Galeries Lafayette.

First student

You are shopping at Galeries Lafayette, and you want to get information on the following items on display:

1. la chaise

2. la carafe et les verres

3. le service faïence

4. les casseroles

5. les couverts Inox

Speak with the store clerk and find out the price of each item. You may also ask for additional information, or the clerk may describe the item more fully to you. Choose one of these items to buy and ask if you can pay by check.

VOCABULAIRE UTILE

carafe, f. *pitcher*

crémier, m. *creamer*

émail, m. *enamel*

en solde *on sale*

le prix est de ——— francs *the price is ——— francs*

sucrier, m. *sugar bowl*

tasse à café, f. *coffee cup*

Second student

You are a clerk at Galeries Lafayette. A customer will ask you for the price of the items you have on display. Ask if you can help, and provide any information you can on each item. (You may point to items on other student's sheet as you speak, but do not show him your sheet.) The customer will choose one item to buy, and asks to pay by check. Say that this is fine, and end the interaction by thanking him and saying good-bye.

Chaise en hêtre cérusé, dossier cannage, assise toile de Jouy 100% coton 1350 F 990 F.

Carafe en verre 175 F.
Verre à pied, eau 22 F.
Verre à pied, vin 18 F.

*S*ervice faïence décor Jouy, "Galeries Lafayette Collection" assiette plate ou creuse 30 F. Cafetière 180 F, déjeuner (tasse et soucoupe) 68 F, crémier 55 F, sucrier 90 F.

*C*ouverts Inox manche ABS, garantis lave-vaisselle, fourchette, cuillère ou couteau 12 F, cuillère à café 10 F.

*S*érie de 5 casseroles émail 18/10ᵉ, 395 F.

19. Restaurant parisien

Context

You will work in groups of three on this activity. Two of you will order a meal in a Parisian restaurant and the third will take the role of waiter or waitress.

First and second students

Consult the menu and ask the waiter a few questions (about the ingredients of a particular dish or sauce, how a dish is prepared, about wine or other beverages, or prices). You are not expected to understand everything on the menu, only enough to order something you will enjoy eating. Order a meal for two.

7, Faub. Montmartre

TÉL (1) 47-70-86-29

Mêmes établissements: *"LE DROUOT"* 103, rue Richelieu   PARIS 2ᵉ—ANCIEN RESTAURANT PAUL 51, rue du Commerce PARIS 15ᵉ

Suppléments: Beurre, 2 coquilles 0.50, Cornichons 1.00, Mayonnaise 1.00, Sauce tomate 1.00,
Crème Chantilly 1.00, ½ citron 1.00, Rapé 1.00, Sucre 0.10
DIMANCHE LE 15 JUILLET 1984

Nous prenons la Clientèle
de 11 h. 00 à 15 h. 00
et de 18 h. 00 à 21 h. 30
Nous vous recommandons

Potage aux légumes	3.10	Noix des ardennes beurre	7.80
Œuf dur mayonnaise	4.20	Jambon de paris cornichon	5.70
Salade de tomates	5.20	Assiette cochonailles	7.30
Salade de concombres	5.20	Salade niçoise	15.60
Panachés tomates comcombres	5.20	Salade batavia	6.30
Carottes rapées citron	4.20	Rollmops pmes à l'huile	8.90
Olives vertes ou noires	4.20	Crevettes roses avec beurre	8.90
Salade de betteraves	4.20	Poireaux vinaigrette	8.30
Epis de maîs grillé	7.80	Museau de bœuf vinaigrette	6.30
Escargot la douzaine	29.20	Avocat sauce diable	14.60
La demi douzaine	14.60		

Menu suggestion

Poireaux vinaigrette	8.30
Gigot flageolets	
ou	
Médaillon de veau	
macaroni	18.80
Baba au punch	
ou	
Gateau moka café	7.30
1½ cuvée chartier	8.30
	42.70

Service non compris
12%

Tout changement de
garniture
1.00 de supplément

Carafe d'eau gratuite

POISSONS

Thon froid mayonnaise	12.50	Saumon grillé Me d'hotel	20.80
Truite saumonnée meunière	22.80		
Cuisses de grenouille poêlées à la provençale			20.80

PLATS

		Gigot d'agneau flageolets	18.80	
Dinde rôtie au riz gras	20.80	Entrecôte grillée frites		20.80
Médaillon de veau macaroni	18.80	Château grillé frites		18.80
Ris de veau financière	26.00	Château grillé bearnaise		20.80
Choucroute garnie francfort	18.80	Beefteack haché p frites	15.60	~~16.70~~
Bouche à la reine	12.50	Steack au poivre frites		18.80
Poulet rôti pommes frites	15.60	Steack haché cru sce tartare		18.80
Poulet froid mayonnaise	15.60	Tranche de foie frites	14.60	~~15.60~~
Rosbeef froid mayonnaise	16.70	Tête de veau à l'huile		16.70
		Entrecôte grillée pour 2 pnes pommes frites	41.50	

LE SOIR: Escalope de veau aux macaroni   18.80

LEGUMES

Pommes frites	5.20	Macaroni sauce tomate	4.70
Pommes à l'anglaise beurre	5.20	Macaroni fromage	4.70
Choucroute alsacienne	5.20	Flageolets	5.20
Navets demi ½ glace	5.20	Riz gras de la dinde	5.20
		Champignons sautés provençal	6.30

FROMAGES

Yaourt nature	2.10	Pointe de brie	5.20
Camembert	3.70	Gruyère	5.20
Boursin à l'ail	4.20	Demi chèvre	4.70
Fromage frais de campagne (gervais)		5.20	

DESSERTS

Tartelette aux fraises	7.30	Gateau moka café	7.30
avec chantilly	8.30	Mousse chocolatée	7.30
Fraises au sucre	12.50	Baba au punch	7.30
Fraises chantilly	12.50	Compote de pèches	4.70
Biscuits boudoir	3.10	Coupe chantilly	5.70
Ananas au kirsch fantaisie	3.70	Pomme Orange ou banane	5.20

GLACES

Tranche napolitaine	4.70	Coupe tartufo	13.60
Mystère	8.90	Fraises melba	12.50
Diplomate glacé	7.30	Fraises melba chantilly	13.60

Société Anonyme
ANCIEN RESTAURANT
CHARTIER
Capital 540.000 F
R.C Siene 45 B 4797
SERVICE NON COMPRIS 12%

Third student

You are the waiter or waitress. Begin by greeting the two customers. You will then be asked about several items on the menu. Answer as you like. (You may not know the real answer, but you can invent a response.) Write down the order, and when they've finished ordering, repeat it back to them to make sure you've got it right.

KIR BLANC DE BLANC: **11 Francs**

CHARTIER

APÉRITIFS (5 cl)

Suze - Byrrh - Dubonnet - Saint-Raphaël	11.00
Ambassadeur	11.00
Cinzano - Martini	11.00
Ricard - Pernod (les 2 cl)	11.00
Porto	11.00
Américano	11 00
Whisky (4 cl)	15.00

Infusion	5.00	Thé	5.00
Café express	5.00		

EAUX MINÉRALES

Badoit	la demie	8.00
Vittel	la demie	8.00
Evian	la demie	8.00
Vichy Saint-Yorre	la demie	8.00

ALCOOLS ET LIQUEURS (2 cl)

BÉNÉDICTINE	11.00	Cointreau	11.00
Mirabelle	11.00	Armagnac	11.00
Calvados	11.00	Rhum	11.00
Cognac	11.00	Kirsch pur	11.00
Quetsche	11.00	Fine Languedoc	11.00

Bière export	la bouteille 33 cl	8.00
Kronenbourg	la bouteille 25 cl	8.00
Cidre	la bouteille 33 cl	7.00
Coca-cola (19 cl)		8.00

CARTE DES VINS

BORDEAUX

	Bout.	1/2
Graves rouge A.C.	46.00	25.00
Côtes de Blaye A.C.	44.00	23.00
Bergerac		
Cuvée des Cadets d'Aquitaine A.C.	52.00	32.00
Beau-Rivage A.C.	52.00	32.00

CAHORS CARTE NOIRE A.C.	51.00	32.00
BEAUJOLAIS VILLAGES A.C.	51.00	32.00
TOURAINE (GAMAY) A.C. 1986		
Domaine de la Rochette	50.00	30.00

VINS D'ORIGINES DIVERSES

Cuvée « CHARTIER » 12°	21.00	12.00
Corbières V.D.Q.S.	23.00	13.00
Rouge du Chasseur	22.00	12.00
Côtes du Rhône A.C.	28.00	15.00
Rouge de table 12°	17.00	9.00
Rouge de table 12° le 1/4	6.00	
Beauroy	21.00	12.00
Saint-Chinian	33.00	21.00

VINS BLANCS

	Bout.	1/2
Sauvignon de Loire	28.00	15.00
Blanc de Blanc Chantemer	22.00	13.00
MUSCADET Sèvres-et-Maine 1986	30.00	17.00

VINS ROSÉS

Côtes de Provence A.C.	28.00	15.00
Vin rosé 12°	18.00	11.00

CHAMPAGNES

Paul Royer Brut	168.00	90.00
Lanson Black Label	191.00	101.00
Gallois (Mousseux)	33.00	

Grands Vins BORIE-MANOUX

Contenance de la verrerie : le carafon de 25 cl, Bordelaise 73 cl, Demie 36 cl, Bourgogne 73 cl, Demie 36 cl

20. Le bain linguistique

Context

You will work in groups of 2–4 students on this activity. You have been asked to refer a number of French students and adults who want to learn English to a private language school. Read through the group of ads and decide together which program(s) would be most appropriate for each of the following individuals:

1. Philippe, garçon timide, pas très sportif, âgé de 10 ans, très bon étudiant.

2. Mme Renault, veuve de 60 ans, voulant prendre des cours pour reprendre une vie sociale plus active.

3. M. Duval, 55 ans, ingénieur, aucune expérience préalable dans le domaine des langues étrangères, très occupé, voulant apprendre l'anglais pour son travail.

4. Jacqueline Oudot, 27 ans, niveau de compétence supérieur en anglais, voulant maintenir ses connaissances tout en ne pouvant pas voyager.

5. Janine, 15 ans, étudiante moyenne, aimant les jeux et le théâtre, voulant se changer les idées en partant à l'étranger.

6. Mme Leroi, 35 ans, faisant des recherches littéraires et voulant approfondir sa compétence en lecture. Trois ans d'anglais à l'université.

In reporting back to class, justify your choices for each individual.

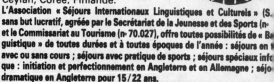

21. Mots étrangers

Context

You will work in groups of four on this activity. Two of you will prepare arguments for the prosecution, and two for the defense in the case of Mr. Daniel Jambon. To learn about the crime he was accused of, first read "Le droit français n'aime pas le fast-food."

VOCABULAIRE UTILE

VOCABULAIRE UTILE

arrêt, m. *decision, judgment*

casser *to nullify*

relaxer *to acquit*

● **Le droit français n'aime pas le fast-food**

La chambre criminelle de la Cour de cassation a cassé hier un arrêt de la cour d'appel de Paris qui avait relaxé Daniel Jambon, directeur général de la société France Quick, poursuivi pour avoir « *désigné des plats ou des boissons par des mots étrangers ou à consonance étrangère* ».

L'Association générale des usagers de la langue française (A.G.U.L.F.) avait fait constater que les restaurants fast-food de la société France Quick présentàient leurs marchandises sous

les dénominations « giant », « big », « bigcheese », « milk-shake », etc. Le directeur général de la société avait alors été poursuivi pour infraction à la loi du 31 décembre 1975, relative à l'emploi de la langue française.

First and second students

Prepare an oral argument for the prosecution of M. Daniel Jambon. Give as many reasons as you can for not allowing foreign words to invade the French language, and more specifically, explain the dangers of English in the commercial domain.

Third and fourth students

Prepare an oral argument defending M. Daniel Jambon's right to use English in his commercial enterprise. Give as many reasons as you can for accepting foreign words into the French language, and more specifically, explain the benefits of English in the commercial domain.

You should each discuss possible arguments with your partner, and one of you should take notes. When you have finished preparing, you and your partner will present your case to the rest of the class.

22. Entretien d'embauche

Context

You will work with a partner on this activity. One of you will play the role of an applicant for a job, the other will play the role of interviewer for the company in question. Look over the classified ads together and choose one for which the candidate will apply. Each of you will have 10 minutes preparation time for the activity.

First student

You will be the applicant. Read over the ad carefully. Then read the list of 30 questions. Think about your answers to questions which are likely to be asked.

Second student

You will be the interviewer. Read the ad carefully. Then read over the list of 30 questions, and select several of these questions to use in your interview of the candidate.

À FOND LA FORME

DECATHLON, est l'une des plus importantes chaines de magasins de vente d'articles de sport en libre-service (12 magasins de 500 à 1500 m² en France). Notre jeune société, à dimension humaine, recherche pour son développement en Région Parisienne, dans le Nord et dans le Sud-Est, ses

futurs directeurs

commerçants et animateurs de leur équipe (10 à 20 personnes)

- Vous avez 24 ans environ
- Vous pratiquez activement et régulièrement un sport (tennis, planche à voile, ski, cyclisme, chasse, pêche, équitation, sports collectifs, etc...)
- Vous êtes diplômé d'une école de commerce
- Vous aimez le travail en équipe et le contact humain
- Vous êtes dynamique et enthousiaste
- Vous avez le sens des responsabilités.

Après une période de formation de 1 à 2 ans fortement axée sur la vente et le dynamisme commercial avec responsabilité d'un sport, vous pourrez accéder à des responsabilités de directeur-adjoint puis de directeur. Rémunération liée aux résultats.

Si vous vous sentez concerné, envoyez votre C.V. + photo :
- pour PARIS : à David SEGARD, DECATHLON, Carrefour Pompadour, 94000 CRETEIL
- pour le SUD-EST : à Stanislas ERNOULT, DECATHLON, Centre Cial Grand Var, 83160 LA VALETTE DU VAR
- pour le NORD : à Jean Marc BROUTIN, DECATHLON, Serv. Centraux, Allée du Moulin à Englos, 59320 HAUBOURDIN

Publival

DECATHLON

Les trente questions les plus fréquemment posées

1. Quel est votre objectif de carrière?

2. A quoi passez-vous votre temps libre? Avez-vous des *hobbies?*

3. Quel domaine (marketing, finance, production, etc.) vous attire le plus? Pourquoi?

4. Pour quelles raisons aimeriez-vous travailler dans notre société?

5. Dans quelles matières étiez-vous le meilleur à l'université? Pourquoi?

6. Comment passiez-vous vos vacances?

7. Que savez-vous à propos de notre société?

8. Quel type d'emploi souhaitez-vous occuper?

9. Quelles sont parmi vos aptitudes celles qui vous permettent de penser que vous réussirez dans un tel emploi?

10. Combien voulez-vous gagner?

11. Si vous deviez recommencer vos études, entreprendriez-vous les mêmes?

12. Combien espérez-vous gagner à 30 ans? à 40 ans? à 50 ans?

13. Pourquoi pensez-vous vous plaire dans ce type d'emploi?

14. Que faisiez-vous à la maison lorsque vous étiez enfant?

15. Qu'espérez-vous devenir? à 30 ans? à 40 ans? à 50 ans?

16. Préférez-vous travailler en équipe ou vous débrouiller tout seul?

17. Quel type de patron souhaiteriez-vous avoir?

18. Vivez-vous avec vos parents? Lequel avait le plus d'influence sur vous?

19. Qu'avez-vous appris dans les stages que vous avez effectués?

20. Pensez-vous avoir fait des études que vous étiez le plus capable de faire?

21. Vous entendiez-vous bien avec vos camarades d'école ou de faculté?

22. Quelle est votre principale faiblesse?

23. Aimez-vous les travaux routiniers?

24. Etes-vous prêt à aller là où la société vous enverra?

25. Si vous étiez totalement libre de choisir votre emploi, quel est l'emploi que vous souhaiteriez occuper dans notre société?

26. Admettez-vous facilement les gens qui n'ont pas la même formation ou les mêmes intérêts que vous?

27. Quels sont les désavantages de l'emploi que vous souhaitez exercer?

28. Quel est votre principal atout?

29. Allez-vous jusqu'au bout de ce que vous commencez?

30. Citez-moi une ou deux expériences ou occasions où vous avez fait preuve d'initiative.

23. Décision à prendre

Context

You are on a committee of professors in the French department of an American university. The committee's task is to decide who among three finalists will be chosen as foreign exchange teaching assistant for the coming year. The exchange T.A. will be assigned to teach conversation and grammar courses. He or she will also be the resident counselor of the *Maison française* on campus. Study carefully the applications of the three finalists. Then discuss the applications as a group and come to a decision. The Dean has asked that the decision be unanimous. Therefore if one member of your committee does not agree, you will need to persuade him or her of your choice (or he or she may try to persuade you).

CURRICULUM VITAE

Nom: Marie-Claude DUBOIS

Adresse: 21, avenue Jules César, 21000 Dijon, France

Date et lieu de naissance: 22.2.62, Paris, France

EDUCATION
BAC Série littéraire A, Mention bien, au Lycée Carnot
Licence d'anglais de l'Université de Dijon
Diplôme de traductrice, Chambre de Commerce de Paris

EXPERIENCE DE TRAVAIL
Assistante de français, Bradbury School, Reading, England 1985-86
  J'ai donné des cours de langue et de civilisation à des étudiants
  de deuxième année.
Traductrice, Agence-Interim, été 1986
  Traduction de textes et documents divers (français-anglais)

LANGUES ETRANGERES
Anglais, écrit et parlé
Espagnol, parlé

INTERETS
Musique et danse classiques, couture

CURRICULUM VITAE

Nom: Henri Thibault

Adresse: 107, rue de la République, Lyon, France

Date et lieu de naissance: 12.9.63, Satolas, France

EDUCATION
BAC Section E (Technique), Mention bien
Brevet de technicien supérieur de tourisme de l'Université de Lyon

EXPERIENCE DE TRAVAIL
Animateur de camp de vacances, Liverpool, England, été 1985-86
  J'ai organisé des activités, donné des cours de langue, et conseillé
  les participants, âgés de 8 à 14 ans.
Guide touristique, ville de Lyon, 1984
  J'ai fait des promenades touristiques dans la ville avec des groupes
  d'étrangers, leur parlant d'abord en français, ensuite en anglais.

LANGUES ETRANGERES
Anglais, écrit et parlé

INTERETS
Voyages et tourisme
Ski, tennis
Cinéma américain

Nom: Hélène Dopfer

Adresse: 47, rue du Château, Strasbourg, France

Date et lieu de naissance: 7.7.67 à Strasbourg

EDUCATION
BAC Section C (Mathématiques) au Lycée Fuller
Licence d'économie de l'Université de Strasbourg

EXPERIENCE DE TRAVAIL
Enseignante, Association pour la promotion du français
  (cours de formation continue), 1986.
Assistante de français, Wake Forest University, North Carolina, 1984-85.
 J'ai donné des cours de conversation et j'ai animé un club français.
Cours particuliers d'anglais et de maths pour lycéens, 1982.

LANGUES ETRANGERES
Anglais et allemand (niveau de compétence supérieur)

INTERETS
Natation, karaté
Musique populaire
Mime (je fais partie d'un club de théâtre et de mime à Strasbourg)

READING ACTIVITIES

24. La Carte en or

Vous faites une demande pour obtenir La Carte en or dans une banque à
Montréal. Lisez la formule de demande et remplissez-la.

LA CARTE EN OR MASTERCARD FORMULE DE DEMANDE

Banque de Montréal

PARLEZ-NOUS DE VOUS

EN LETTRES MOULÉES S.V.P.

☐ M. ☐ MLLE   PRÉNOM   INITIALE   NOM
☐ MME

DATE DE NAISSANCE   Jour / Mois / Année

N° D'ASSURANCE SOCIALE

ÉTAT CIVIL   ☐ MARIÉ(E)   ☐ DIVORCÉ/SÉPARÉ(E)
             ☐ CÉLIBATAIRE ☐ AUTRE

NOM DU CONJOINT (s'il y a lieu) ☐ M. ☐ MLLE   PRÉNOM   INITIALE   NOM
                                 ☐ MME

DATE DE NAISSANCE   Jour / Mois / Année

N° D'ASSURANCE SOCIALE

NOMBRE DE PERSONNES À CHARGE

ADRESSE ACTUELLE   N° CIVIQUE ET RUE   APP.   VILLE   PROVINCE   CODE POSTAL

TÉLÉPHONE   CODE RÉGIONAL   -   DURÉE D'OCCUPATION DE VOTRE DOMICILE ACTUEL   ANS

ADRESSE PRÉCÉDENTE (si moins de 3 ans)   N° CIVIQUE ET RUE   APP.   VILLE   PROVINCE   DURÉE D'OCCUPATION

OÙ TRAVAILLEZ-VOUS?

EMPLOI ACTUEL   NOM DE LA COMPAGNIE   TÉLÉPHONE: CODE RÉGIONAL   -

ADRESSE   VILLE   PROVINCE

OCCUPATION   N^BRE D'ANNÉES DE SERVICE   ANS

GENRE D'EMPLOI   ☐ PERMANENT   ☐ OCCASIONNEL   ☐ TRAVAILLEUR AUTONOME   ☐ RETRAITÉ   ☐ AUTRE

NOM ET ADRESSE DE L'EMPLOYEUR PRÉCÉDENT (si moins de 2 ans)   DEPUIS   ANS

EMPLOYEUR DU CONJOINT (s'il y a lieu)   NOM DE LA COMPAGNIE   TÉLÉPHONE: CODE RÉGIONAL   -

ADRESSE   VILLE   PROVINCE

OCCUPATION   DEPUIS   ANS

GENRE D'EMPLOI   ☐ PERMANENT   ☐ OCCASIONNEL   ☐ TRAVAILLEUR AUTONOME   ☐ RETRAITÉ   ☐ AUTRE

25. Fait divers, I

Cinq gangsters raflent plus d'un million de francs

Un hold-up qui a rapporté à ses auteurs la somme de 1.000.000 à 1.200.000 F, a été commis samedi matin, à Marseille, à la caisse centrale de la Caisse d'épargne et de prévoyance des Bouches-du-Rhône et de la Corse.

Cinq individus, fortement armés et le visage dissimulé par des cagoules, ont fait irruption dans l'établissement. Tandis que deux des bandits, restés dans le hall, tenaient en respect, sous la menace de leurs armes, employés et clients, les trois autres, sautant par dessus le comptoir, gagnaient la salle de comptage et s'emparaient d'un sac que venaient d'apporter des convoyeurs de fonds.

Le système d'alarme de l'établissement a fonctionné, mais les bandits ont réussi à prendre la fuite, semant une voiture de police qui s'était lancée à leur poursuite.

A. Trouvez dans le texte les réponses aux questions suivantes.

1. Qu'est-ce qui a eu lieu?

2. De combien d'argent était-il question?

3. Quand cela s'est-il passé?

4. Dans quelle ville?

5. Combien de personnes ont participé?

B. Trouvez tous les mots dans l'article qui désignent les *gangsters*.

C. Trouvez dans le texte les mots qui signifient

a. *employees*

b. *customers*

c. *alarm system*

d. *police car*

26. T.G.V.

A. Vous voulez voyager de Paris à Genève sur le T.G.V. Il vous faut être à Genève avant 10h.30 du soir vendredi 4 septembre. Vous voulez rentrer à Paris avant 11h. du matin jeudi 10 septembre. Vous ne voulez pas payer le supplément, et vous voulez être en première classe, avec restauration.

B. Consultez l'horaire pour déterminer quels trains vous devriez prendre.

VOCABULAIRE UTILE

à destination de *going to*

coffrets-repas froids, m. *boxes with cold meals*

correspondance, f. *connection*

en provenance de *coming from*

horaire, m. *schedule, timetable*

restauration, f. *food service*

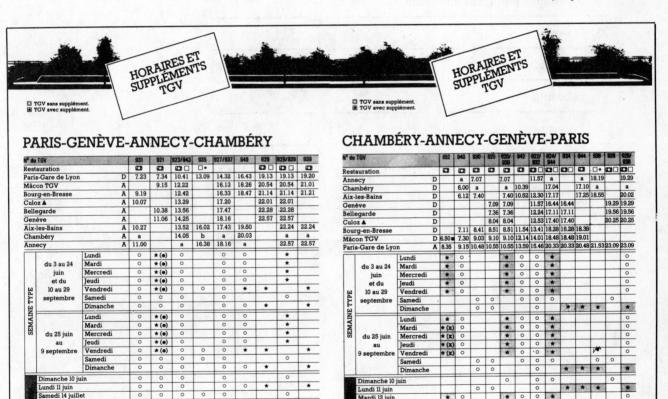

HORAIRES ET SUPPLÉMENTS TGV

☑ TGV sans supplément.
☒ TGV avec supplément.

PARIS-GENÈVE-ANNECY-CHAMBÉRY

N° du TGV		931	921	923/843	935	927/937	949	929	929/939	939
Restauration		▣	▣	▣☐	☐*		▣	▣	▣☐	▣
Paris-Gare de Lyon	D	7.23	7.34	10.41	13.09	14.32	16.43	19.13	19.13	19.20
Mâcon TGV	A		9.15	12.22		16.13	18.26	20.54	20.54	21.01
Bourg-en-Bresse	A	9.19		12.42		16.33	18.47	21.14	21.14	21.21
Culoz ▲	A	10.07		13.29		17.20		22.01	22.01	
Bellegarde	A		10.38	13.56		17.47			22.28	22.28
Genève	A		11.06	14.25		18.16			22.57	22.57
Aix-les-Bains	A	10.27		13.52	16.02	17.43	19.50		22.24	22.24
Chambéry	A	a		14.05	b	a	20.03		a	a
Annecy	A	11.00		a	16.38	18.16	a		22.57	22.57

SEMAINE TYPE

du 3 au 24 juin et du 10 au 29 septembre :

Jour	931	921	923/843	935	927/937	949	929	929/939	939
Lundi	o	★(●)	o		o		o		★
Mardi	o	★(●)	o		o		o		★
Mercredi	o	★(●)	o		o		o		★
Jeudi	o	★(●)	o		o		o		★
Vendredi	o	★(●)	o		o	★	★		★
Samedi	o	o	o		o			o	
Dimanche	o	o	o		o		★		★

du 25 juin au 9 septembre :

Jour	931	921	923/843	935	927/937	949	929	929/939	939
Lundi	o	★(●)	o		o		o		★
Mardi	o	★(●)	o		o		o		★
Mercredi	o	★(●)	o		o		o		★
Jeudi	o	★(●)	o		o		o		★
Vendredi	o	★(●)	o		o	★	★		★
Samedi	o	o	o		o			o	
Dimanche	o	o	o		o		★		★

	931	921	923/843	935	927/937	949	929	929/939	939
Dimanche 10 juin	o	o	o		o				
Lundi 11 juin	o	o	o		o			★	★
Samedi 14 juillet	o	o	o		o			o	
Mercredi 15 août	o	o	o		o				★

A Arrivée
D Départ
▣ Service restauration à la place, en 1re classe, en réservation.
☐ Coffrets-repas froids en 2e classe, sans réservation, dans les voitures Genève (et Annecy : TGV 935).
* Coffrets-repas froids en 1re classe également.
a Correspondance à Aix-les-Bains.
b Correspondance à Aix-les-Bains sauf le 14 juillet.

▲ Les TGV ne prennent des voyageurs à Culoz que pour Bellegarde et Genève.
La plupart des TGV assurent la correspondance à Mâcon TGV vers Villefranche-sur-Saône et à Bellegarde vers Annemasse, Thonon, Evian. Renseignez-vous.
(●) Sans supplément pour les voyageurs à destination de Mâcon-TGV.

☑ TGV sans supplément.
☒ TGV avec supplément.

CHAMBÉRY-ANNECY-GENÈVE-PARIS

N° du TGV		652	940	830	920	920/930	942	922/932	924/944	824	944	936	926	926/938
Restauration		▣	▣	▣	▣	▣	▣☐	▣☐	▣☐	▣		☐*	▣☐	▣☐
Annecy	D		a	7.07		7.07		11.57	a		a	18.19		19.29
Chambéry	D		6.00	a			10.39		17.04		17.10	a		a
Aix-les-Bains	D		6.12	7.40		7.40	10.52	12.30	17.17		17.25	18.55		20.02
Genève	D				7.09	7.09		11.57	16.44	16.44			19.29	19.29
Bellegarde	D				7.36	7.36		12.24	17.11	17.11			19.56	19.56
Culoz ▲	D				8.04	8.04		12.53	17.40	17.40			20.25	20.25
Bourg-en-Bresse	D		7.11	8.41	8.51	8.51	11.54	13.41	18.28	18.28	18.39			
Mâcon TGV	D	6.50	7.30	9.03	9.10	9.10	12.14	14.01	18.48	18.48	19.01			
Paris-Gare de Lyon	A	8.35	9.15	10.48	10.55	10.55	13.59	15.46	20.33	20.48	21.53	23.09	23.09	

SEMAINE TYPE

du 3 au 24 juin et du 10 au 29 septembre :

Jour	652	940	830	920	920/930	942	922/932	924/944	824	944	936	926	926/938
Lundi	★	o			★	o	o	★					o
Mardi	★	o			★	o	o	★					o
Mercredi	★	o			★	o	o	★					o
Jeudi	★	o			★	o	o	★					o
Vendredi	★	o			★	o	★	★					o
Samedi			o	o			o	o				o	
Dimanche			o	o			o		★	★	★		★

du 25 juin au 9 septembre :

Jour	652	940	830	920	920/930	942	922/932	924/944	824	944	936	926	926/938
Lundi	★	o			★	o	o	★					o
Mardi	★(x)	o			★	o	o	★					o
Mercredi	★(x)	o			★	o	o	★					o
Jeudi	★(x)	o			★	o	o	★					o
Vendredi	★(x)	o			★	o	★	★					o
Samedi			o	o			o	o				o	
Dimanche			o	o			o		★	★	★		★

	652	940	830	920	920/930	942	922/932	924/944	824	944	936	926	926/938
Dimanche 10 juin			o	o			o						★
Lundi 11 juin			o	o			o	★			★	★	★
Mardi 12 juin	★	o			★	o	o	★					
Samedi 14 juillet			o	o			o	o					
Mercredi 15 août			o	o			o						★

A Arrivée
D Départ
▣ Service restauration à la place, en 1re classe, en réservation.
☐ Coffrets-repas froids en 2e classe, sans réservation, dans les voitures de Genève (et d'Annecy : TGV 936).
* Coffrets-repas froids en 1re classe également.
a Correspondance à Aix-les-Bains.

▲ Les TGV ne prennent des voyageurs pour Culoz que de Bellegarde et Genève.
■ TGV en provenance de Lyon.
La plupart des TGV assurent la correspondance à Mâcon TGV de Villefranche-sur-Saône; à Bellegarde d'Annemasse, Thonon, Evian. Renseignez-vous.
(x) Attention, ce TGV ne circule pas les mardis, mercredis, jeudis et vendredis du 31 juillet au 24 août.

27. Sommaire

Consultez le sommaire du *Figaro Magazine* pour voir s'il y a des articles sur les sujets suivants. Marquez le numéro de la page à côté de chaque sujet correspondant.

	Numéro de la page
1. l'économie	
2. la télévision	
3. le terrorisme	
4. les affaires politiques américaines	
5. la santé	
6. le Canada	
7. la beauté	
8. la cuisine	
9. l'Afrique	
10. la vie universitaire	
11. la musique	

LE FIGARO magazine

28. Les Vitrines

Lisez les descriptions de cadeaux, et trouvez la photo qui correspond à chaque description. Ensuite relisez les textes pour répondre aux questions suivantes.

1. Quel est le cadeau le moins cher? le plus cher?

2. Quel cadeau est purement décoratif?

3. Quels cadeaux pourriez-vous acheter pour un enfant?

4. Pour quel cadeau n'y a-t-il qu'une seule taille?

5. Pour quels cadeaux y a-t-il plus d'une couleur?

6. Selon vous quel cadeau est le plus pratique? le moins pratique?

Rétro de nuit

Pour ne plus être ébloui en voiture la nuit, ce rétroviseur passe automatiquement de la position jour à la position nuit. Il est équipé d'une cellule photoélectrique qui réagit dès qu'une source de lumière artificielle trop forte pénètre dans son champ. Pour les fanas du gadget.
● Rétro électronique. **Auto Accessoires,** 55, avenue de la Grande-Armée, 75017 Paris. Tél. : 45.74.74.74. Autres points de vente sur demande au même numéro de téléphone. — 250 F.

On en mangerait

Inutile de vous lécher les babines, ce petit déjeuner est entièrement factice. La tasse de chocolat, le pot à lait, les croissants, pain au chocolat et brioche sont des bougies !
● « Epistrof » **Georges Pesle.** 18, rue de l'Arcade, 75008 Paris. Tél. : 42.66.52.32. Petits pains : 38 F pièce ; tasse : 85 F ; pot : 85 F.

Un clown à la trace

Afin de suivre vos enfants à la trace, offrez-leur ces bottes en caoutchouc : elles sont équipées de semelles laissant une empreinte de visage de clown facilement reconnaissable.
● Modèles Esquimo ou Romeo, de Romika. En bleu et rose, du 21 au 31 : **Au Bon Chasseur,** 40, av. Gambetta, 75020 Paris. Tél. : 47.97.80.71. En jaune ou bleu, du 27 au 34 : à Tours : **P. Bourdais,chausseur,** 25, rue Nationale. Tél. : 47.05.72.97. De 125 F à 185 F, selon les tailles.

Une assiette futée

Astucieuse, cette assiette à cocktail possède une encoche permettant de maintenir sans problème un verre à pied. Idéale pour les buffets et pour garder une main libre. En vitroporcelaine. Diam. : 19 cm. Deux décors dont un dans deux coloris.
● **Villeroy & Boch,** 21, rue Royale, 75008 Paris. Tél. : 42.65.81.84. — 89 F pièce.

1 F la chanson

C'est la réplique d'un juke-box « Wurlitzer » de 1946, beaucoup plus petit (30×20 cm). Glissez une pièce de 1 F ou de 50 centimes et il se met à jouer une chanson américaine des années 50 ; dans le même temps, des lumières placées sur les côtés se mettent à clignoter. Livré avec deux mini-cassettes : « Only you » et « Rock around the clock ». D'autres cassettes disponibles bientôt. Fonctionne à piles.
● Sélection Bernard Carant. Boutiques « Cadeaux » du **Bon Marché.** — 1 100 F.

Lecture quotidienne

Pour lire vos quotidiens sans vous noircir les doigts, ces amusants gants en nylon sont imprimés journal uniquement (en langue anglaise !). Taille unique.
● **Bathroom Graffiti :** 98, rue de Longchamp, 75116 Paris. Tél. : 47.04.23.12. — 135 F.

Un prénom en chanson

A offrir à l'occasion d'une naissance, de la fête ou l'anniversaire d'un enfant (jusqu'à quinze ans), cette cassette contient une véritable chanson et sa musique composées exclusivement en l'honneur de leur prénom.

Mis au point par deux professionnels. Durée : 3 à 4 minutes. Par correspondance, dix jours de délai.
● **Un prénom, une chanson,** 4, bd des Oiseaux, 92700 Colombes. Tél. : 47.84.42.73. — 200 F.

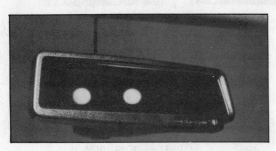

29. A lire

Regardez les textes suivants, et répondez aux questions suivantes.

1. Un seul de ces livres n'est pas de la fiction. Savez-vous lequel?

_____

2. Quel livre semble être un roman policier?

_____

3. Quel livre semble être une histoire d'amour?

_____

4. Quel livre pourriez-vous acheter pour un enfant?

_____

5. Quel livre voudriez-vous acheter si vous vous intéressiez à
   l'aviation?

_____

Grimm
Hans-mon-hérisson
et treize autres contes choisis par Lore Segal illustrés par Maurice Sendak

 Traduit de l'allemand.

La chose faite, Hans-mon-Hérisson monta son coq et chevaucha devant le roi, suivi de ses gens, pour leur montrer le chemin; et grâce à lui ils rentrèrent heureusement dans le royaume et arrivèrent au château, où la joie fut grande après l'inquiétude. Le roi avait une fille unique qui était d'une grande beauté, et ce fut elle qui se précipita pour l'accueillir et l'embrasser, tout heureuse de son retour.

Boileau-Narcejac
Les diaboliques

De l'autre côté du couloir, des pieds glissent sur le parquet de la chambre. Le lustre s'allume. Le bas de la porte du bureau s'éclaire. Elle est derrière, juste derrière, et pourtant, il ne peut y avoir quelqu'un derrière. A travers l'obstacle, ils s'écoutent, le vivant et le mort. Mais de quel côté est le vivant, de quel côté est le mort?

Le roman qui a inspiré le célèbre film de H.-G. Clouzot.

Les liaisons dangereuses

Ayant donc trouvé hier votre pupille occupée à lui écrire, et l'ayant dérangée d'abord de cette douce occupation pour une autre plus douce encore, je lui ai demandé, après, de voir sa lettre ; et comme je l'ai trouvée froide et contrainte, je lui ai fait sentir que ce n'étoit pas ainsi qu'elle consoleroit son amant, et je l'ai décidée à en écrire une autre sous ma dictée, où, en imitant du mieux que j'ai pu son petit radotage, j'ai tâché de nourrir l'amour du jeune homme, par un espoir plus certain. La petite personne étoit toute ravie, me disoit-elle, de se trouver parler si bien ; et dorénavant, je serai chargé de la correspondance. Que n'aurai-je pas fait pour ce Danceny ? J'aurai été à la fois son ami, son confident, son rival et sa maîtresse !

LE SYSTÈME DES OBJETS

Automobiles, gadgets,
objets anciens, électroménager,
ameublement,
dans la société industrielle avancée
les objets manufacturés
ne sont pas seulement différents
de ce qu'ils étaient
dans le passé :
ils remplissent une autre fonction.
Ils instituent
un système cohérent de signes
qui relève à la fois
d'une pratique sociale déterminée
et d'une mythologie.
Jean Baudrillard
un des plus brillants représentants
de la jeune sociologie française
jette ici
un regard entièrement neuf
sur le monde des produits industriels
et leurs conséquences
sur notre vie quotidienne.

Antoine de Saint-Exupéry Vol de nuit

Ainsi les trois avions postaux de la Patagonie, du Chili et du Paraguay revenaient du sud, de l'ouest et du nord vers Buenos Aires. On y attendait leur chargement pour donner le départ, vers minuit, à l'avion d'Europe.

Trois pilotes, chacun à l'arrière d'un capot lourd comme un chaland, perdus dans la nuit, méditaient leur vol, et, vers la ville immense, descendaient lentement de leur ciel d'orage ou de paix, comme d'étranges paysans descendent de leurs montagnes.

Rivière, responsable du réseau entier, se promenait de long en large sur le terrain d'atterrissage de Buenos Aires. Il demeurait silencieux car, jusqu'à l'arrivée des trois avions, cette journée, pour lui, restait redoutable...

30. Sortie en ville

Vous passez quelques jours dans une ville de province française. Un(e) ami(e) va venir vous voir demain et veut visiter la ville. Consultez le programme ci-joint, et cherchez quelques activités qui pourraient vous intéresser, vous et votre ami(e). Demain ce sera mardi. Votre ami(e) arrivera à 10 heures du matin, et partira par le train de 6 heures du soir. Notez sur papier les projets que vous lui proposerez.

AUJOURD'HUI

Musées et monuments

Musée des Beaux-Arts : 18, place François-Sicard, Tours. De 9 h à 12 h 45 et de 14 h à 18 h. Riche collection de peintures. Entrée : 5,40 F.

Musée du Compagnonnage : 3, rue Nationale. De 9 h à 12 h et de 14 h à 18 h. Entrée : 4 F. Musée unique au monde.

Musée du Gemmail : 7, rue du Mûrier. Fermé.

Musée des vins de Touraine : 16, rue Nationale (parvis Saint-Julien). De 9 h à 12 h et de 14 h à 18 h. Entrée : 4 F.

Hôtel Gouin : musée archéologique, 25, rue du Commerce. De 9 h à 12 h et de 14 h à 18 h. Tous les jours sans exception.

Hôtel Mame : 19, rue Emile-Zola. De 14 h 30 à 18 h 30. Livres d'art et soieries de Tours.

Musée des Equipages militaires et du Train : E.A.T., rue du Plat-d'Etain. Tous les jours, de 14 h à 17 h (samedi, dimanche et jours fériés, sur rendez-vous). Entrée gratuite.

Basilique Saint-Martin : rue Baleschoux, tombeau de saint Martin dans la crypte. De 7 h 30 à 12 h et de 14 h à 18 h.

Cathédrale Saint-Gatien, cloître de la Psalette : de 9 h à 12 h et de 14 h à 17 h (sauf pendant les heures d'office).

Prieuré de Saint-Cosme (La Riche) : ouvert de 9 h à 12 h et de 14 h à 18 h, tous les jours.

Château du Plessis-lès-Tours (La Riche) : tous les jours sauf mardi, de 10 h à 12 h et de 14 h à 18 h. Documents évoquant la vie de Louis XI et de ses successeurs au château. Souvenirs de saint François de Paule.

Château d'Azay-le-Ferron (Indre) : propriété de la ville de Tours. Ouvert tous les jours sauf mardi, de 10 h à 12 h et de 14 h à 18 h.

Expositions

Bibliothèque municipale : quai d'Orléans ; au deuxième étage, 12e Salon de peinture et d'arts plastiques de l'Association artistique des cheminots de Touraine, tous les jours de 14 h à 18 h 30, sauf dimanche et lundi ; vernissage ce soir à 17 h. Jusqu'au 16 juin.

Bibliothèque municipale : annexe des Rives du Cher, 1, boulevard Winston-Churchill ; exposition sur la poésie, lundi et mercredi de 10 h à 12 h et de 14 h à 19 h, mardi et vendredi de 14 h à 19 h, samedi de 10 h à 12 h et de 14 h à 17 h. Jusqu'au 19 juin.

Congrégation de la Bretèche : 16, quai du Portillon. Œuvres de sœur Marie-Séraphie. De 15 h à 19 h, lundi, mercredi, samedi et dimanche.

Maison des associations culturelles : place Plumereau ; œuvres des peintres du Chevalet de Touraine. Jusqu'au 15 juin. Fermé le lundi.

Tours vous accueille : 83, rue Colbert. Le groupe dessin-peinture d'Odile Rousseau. Jusqu'au 12 juin.

GALERIES

— **Beffroi** : rue de Jemmapes. Quatre peintres indiens contemporains. Jusqu'au 9 juin.

— **La Palette** : 193, rue Auguste-Chevallier. Exposition permanente d'œuvres d'artistes tourangeaux.

— **99** : rue de la Scellerie, du mardi au samedi, de 14 h à 19 h. Peintures de Bertran. Jusqu'au 9 juin.

— **Atelier de photographies** : 20, rue Bretonneau ; «Portraits de feuilles», photos noir et blanc de Martine et Alain Doron, du mardi au samedi de 9 h 30 à 12 h et de 15 h à 19 h. Jusqu'au 30 juin.

— **Pratiques** : 19, rue Littré ; les œuvres de Michel Jean, tous les jours de 16 h 30 à 19 h 30, sauf le lundi ; ouverture à 15 h samedi et dimanche. Jusqu'au 17 juin.

— **«La Passerelle»** : 24, rue des Tanneurs : huiles et gouaches de Roger-François Masson. Jusqu'au 17 juin.

— **Mathurin** : 22, rue des Tanneurs ; les oiseaux des élèves de l'école de Saint-Règle, près d'Amboise ; tous les jours de 10 h à 12 h et de 14 h à 18 h. Jusqu'au 17 juin.

Urgences

Service de nuit : médecin : tél. 61.25.18 (pour Tours uniquement) ; infirmier, s'adresser au commissariat central, tél. 05.66.60 ; pharmacien (agglomération) : Tours, St-Cyr, Chambray, La Riche, St-Avertin, St-Pierre), se rendre au commissariat avec l'ordonnance.

Hospitalisation d'urgence en clinique privée (S.M.U.P.) : tél. 66.37.37.

S.A.M.U. de Tours : tél. 28.15.15.

Centre anti-poison : pour les adultes et les enfants, tél. (47) 66.85.11.

S.O.S. Amitié : secours moral par téléphone : 54.54.54 ; ou B.P. 1604, 37016 Tours Cedex, tous les jours, 24 heures sur 24.

Secours et protection de l'enfance malheureuse : Comité de vigilance d'Indre-et-Loire, M. Josselin, 3, place Raspail, Tours.

C.H.A. (S.O.S. alcool) (traitement ambulatoire gratuit des buveurs excessifs) : 4, rue Jules-Mourgault (Rotonde), à Tours, téléphone 05.77.08. Sans rendez-vous de 9 h à 19 h du lundi au vendredi.

Sécurité dépannage E.D.F. : tél. 61.53.80.

Sécurité dépannage G.D.F. : tél. 05.17.22.

Urgences de toute nature : accidents, incendies, dangers, quels qu'ils soient, sapeurs-pompiers, téléphone 18.

C.H.R. Bretonneau : 2, boulevard Tonnellé, tél. 66.15.15.
— Hospitalisation adultes et enfants.
— «Allô contraception», de 8 h 30 à 16 h 30 (poste 46-46).
— Clinique gynécologique du Beffroi, 23, avenue de Roubaix, de 9 h à 17 h (poste 48-20 ou 48.40).

Planning familial : 6, rue Victor-Hugo, tél. 20.97.43. Permanence téléphonique de 9 h à 16 h.

Consultations conjugales (A.F.C.C.C.) : 34, rue Gohier, sur rendez-vous. Tél. 61.42.06.

Aide aux toxicomanes : centre Port-Bretagne, 18, quai du Port-Bretagne, Tours ; tél. 37.16.17. Ouvert tous les jours et sur rendez-vous. Aide et soins. Anonymat. Gratuité.

Loisirs

RADIO
Radio-Tours : de 11 h à 12 h 30, sur 98,7 MHz en M.F. et sur 202 m en P.O.

Radio Méga-Tours : de 6 h à 23 h, sur 94,10 MHz.

PALAIS DES SPORTS
Accueil information : de 8 h à 12 h et de 14 h à 18 h.

Patinoire : fermée. Réouverture en septembre.

PISCINES
Palais des Sports : de 10 h à 20 h.

Mortier : 12 h 30 à 14 h.

Tourettes : fermée.

Stade nautique du Lac : de 12 h à 19 h 45.

31. Le Soleil du Sénégal

A. Lisez l'entête du journal et les autres informations contenues dans la case pour répondre aux questions suivantes.

1. Où est-ce que ce journal est publié?

2. Depuis quand existe-t-il?

3. Combien coûte-t-il?

4. Comment s'appelle le président directeur général du journal?

B. Ensuite lisez tout l'article et répondez aux questions suivantes.

5. De quoi s'agit-il dans l'article?

6. Qui est M. Jean-Louis Lucet? M. Bara Diouf?

7. De quoi M. Lucet a-t-il parlé pendant la réunion?

8. Que pense le journaliste «M.S.D.» de cette réunion?

VOCABULAIRE UTILE

actualité, f. *current events*

imprimer *to print*

imprimerie, f. *printing house*

publicité, f. *advertising*

rédaction, f. *editorial staff*

régisseur, m. *assistant director*

le soleil

Faites vacciner vos enfants

le soleil
Route du Service géographique
Téléphone 21.46.92 (4 lignes groupées)
B.P. 92 Télex 431 SG

PRESIDENT DIRECTEUR GENERAL BARA DIOUF
Imprimé par les Nouvelles Imprimeries du Sénégal
PUBLICITE : Régisseur exclusif : SPT
15 bis, Bd Pinet Laprade Tél. 22.50.40 BP 503 Dakar

LUNDI 10 NOVEMBRE 1986 N° 4.952

17ᵉ ANNEE - ISSN 0850-0703 ● 100 FRANCS CFA - FRANCE 5 FF - COTE D'IVOIRE 250 F.CFA
GABON 350 F.CFA - BURKINA FASO 250 F.CFA - CAMEROUN 200 F.CFA - MAURITANIE 20 UM

«Le Sénégal et la France ont la même conception de la démocratie»

M. Jean-Louis Lucet. le nouvel ambassadeur de France à Dakar a été. hier. l'hôte de notre conférence de rédaction A l'intention de cet invité de marque. M. Bara Diouf a dit la part essentielle de la France dans la réalisation et la mise en œuvre de cette aventure exceptionnelle qui a été la création du «Soleil». Avec un ton nostalgique, notre PDG a rappelé les noms des journalistes français qui ont participé à la réalisation des premiers numéros du «Soleil».

M. Jean-Louis Lucet dont la visite est la première d'un ambassadeur de France dans nos locaux, a souligné les relations durables qui unissent le Sénégal et la France. «Ce sont là, a-t-il dit, deux démocraties pluralistes qui ont une même conception de l'homme et de la démocratie». M. Jean-Louis Lucet s'est aussi déclaré très satisfait du fait que la France a contribué à la naissance de la presse écrite sénégalaise.

Durant la réunion, un échange d'idées fort instructif a eu lieu entre les journalistes et M. Jean-Louis Lucet. C'est ainsi que s'agissant de la coopération M. Lucet a indiqué que la coopération ne passe pas seulement par les Etats. C'est une affaire d'hommes, de groupes et de collectivités. Le rôle de la France est d'encourager l'investissement en Afrique par le biais des entreprises et des organisations. En outre les problèmes de l'actualité ont été abordés dans la discussion.

M.S.D.

32. Cinéma: Revues critiques

A. Lisez les revues critiques et trouvez pour chacune le titre qui correspond.

B. Ensuite relisez chaque revue plus attentivement pour déterminer le nombre d'étoiles (*) ou de points (•) que le critique a donné au film.

De méchants esprits s'ingénient à terrifier de braves familles américaines. Exclusivement réservé aux fanas du genre.
V.o.: *VIIIᵉ: George-V, 45-62-41-46.*
V.f.: *IIᵉ: Gaumont Richelieu, 42-33-56-70* ● *VIᵉ: Le Grand Bretagne, 42-22-57-97* ● *IXᵉ: Paramount Opéra, 47-42-56-31* ● *XIIIᵉ: Fauvette 2, 43-31-60-74* ● *XVIIIᵉ: Pathé-Clichy, 45-22-46-01* ● *77: Melun (Rex), 64-52-12-33* ● *91: Boussy-Saint-Antoine, 69-00-50-82; Draveil, 69-03-74-01; Evry-Ville nouvelle, 60-77-06-23; Saint-Michel-sur-Orge, 60-16-27-03* ● *92: Bagneux (Lux),*

Le film parfait. Allen atteint la perfection en évoquant les mystères de la vie et de l'imaginaire. Une comédie irrésistible.
V.o.: *Vᵉ: Studio de la Harpe, 46-34-25-52.*

Madonna et la jolie Rosanna Arquette dans une bluette qui ressemble à un film de Preston Sturges ou de Woody Allen. Savoureux.
V.o.: *Vᵉ: L'Epée de bois, 43-37-57-47.*

Deux écoles de police concurrentes rivalisent en fait de gaffes et de bavures. Une série à prétention burlesque. Navrant.

Où l'on retrouve le psychopathe Norman, la vieille maison, des scènes de douche plutôt traumatisantes. Le plus traumatisé est, hélas! Anthony Perkins, qui, vingt-cinq ans après le chef-d'œuvre de Hitchcock, ne craint pas de lui donner une autre suite.
V.f.: *91: Saint-Michel-sur-Orge, 60-16-27-03.*

Les aventures de Christopher Tracy, gigolo de luxe à Nice. Premier film réalisé par le rocker Prince. Très controversé outre-Atlantique. Des naïvetés et des maladresses, évidemment, mais un ton original et sympathique.
V.o.: *IIIᵉ: Ciné Beaubourg, 42-71-52-36* ● *VIᵉ: 14 Juillet Odéon, 43-25-59-83* ● *VIIIᵉ: U.g.c. Normandie, 45-63-16-16* ● *78: Versailles (Roxane), 30-21-40-40.*

(1982) Un acteur au chômage accepte le premier rôle féminin d'une série télévisée. Gags, tendresse, quiproquos: une comédie irrésistible. Avec Dustin Hoffman.
V.o.: *XIVᵉ: Les 7 Parnassiens, 43-35-21-21.*

(1953) Trois mannequins aux prises avec le mariage. D'intérêt ou d'amour? Le film est moral, et Marilyn, myope et adorable.
V.o.: *Vᵉ: Contrescarpe, 43-25-78-37.*

★★★ Parfait.
★★ Bien.
★ Pourquoi pas?
● Surtout pas!

Cinéma

TOUS LES FILMS EN EXCLUSIVITÉ

POLTERGEIST II,
de Brian Gibson

PSYCHOSE III,
d'Anthony Perkins

RECHERCHE SUSAN, DÉSESPÉRÉMENT,
de Susan Seidelman

POLICE ACADEMY III,
de Jerry Paris

UNDER THE CHERRY MOON,
de Prince

LA ROSE POURPRE DU CAIRE,
de Woody Allen

REPRISES NOTRE SÉLECTION

TOOTSIE,
de Sydney Pollack

COMMENT ÉPOUSER UN MILLIONNAIRE,
de Jean Negulesco

33. *Le Point*

A. Avec un(e) autre étudiant(e), regardez la première lettre pour répondre aux questions suivantes.

1. Quelle sorte de lettre est-ce?

2. Qui en est le destinataire? l'expéditeur?

3. Qu'est-ce que le *Point?* A quelle sorte de public s'adresse cette lettre?

B. Ensuite lisez les trois lettres et trouvez en quoi la deuxième et la troisième lettre diffèrent de la première. Regardez attentivement la structure des lettres; notez comment l'auteur essaie de capter et maintenir l'attention du lecteur pour qu'il s'abonne. Ces lettres vous paraissent-elles efficaces?

LE POINT

Paris, le 20 janvier 1980

REF : PR-37906 H 140

Monsieur J. DUPONT
79, avenue de la République
75011 PARIS

Monsieur DUPONT,

En parcourant, la semaine dernière, la liste de nos abonnés de Paris, nous avions toutes les raisons d'être satisfaits et même, il faut le dire, d'être assez fiers...

En effet, en procédant à une analyse arrondissement par arrondissement et rue par rue, nous avons constaté que LE POINT compte les principaux responsables parmi ses lecteurs.

Le pointage systématique des noms, abonné par abonné, pour le XIème arrondissement nous a cependant réservé une surprise et une déception à la lettre "D" : nous avons cherché en vain votre nom, Monsieur DUPONT.

Je suis certain que vous vous intéressez à l'actualité française et internationale, aux problèmes économiques, aux mouvements sociaux, aux changements de notre société, à la vie culturelle, etc... LE POINT également.

Tous les journaux ont la même préoccupation, me direz-vous. Alors, comment expliquer le succès du POINT ? Il découle de la formule même de notre hebdomadaire : les quotidiens, radios et télévisions vous bombardent d'images, de sons, de chocs. Pour vous, chaque semaine, LE POINT sélectionne, classe et explique.

Dans le succès du POINT, il y a aussi la manière : LE POINT se distingue par son absence de parti-pris et son refus d'alignement politique. LE POINT n'a de comptes à rendre à personne. Il a été créé pour des hommes actifs qui ont, comme vous, peu de temps pour trier l'objectif du subjectif, le vrai du faux, le spontané de l'inspiré.

Je pense que vous n'êtes pas de ceux qui se laissent convaincre par une simple lettre (même personnelle). C'est pourquoi, je ne vous propose pas de prendre d'emblée un abonnement.

En revanche, je suppose que vous n'êtes pas homme, Monsieur DUPONT, à refuser de faire un simple et cour essai.

La rentrée, avec sa perspective d'évènements importants, est un bon moment pour tester notre journal. Ne le croyez-vous pas ?

Avec mes sentiments les meilleurs.

Philippe RAMOND
Directeur

140, rue de Rennes, 75006 PARIS - Tél. : 544.39.00 - SEBDO S.A. au capital de 960 000 F.
R.C. Paris B 312408784

LE POINT

Paris, le 20 août 1980

Ref : PR/FW1.208.

Monsieur J. DUPONT
79, avenue de la République
75011 PARIS

Cher Monsieur DUPONT,

En janvier dernier, je vous ai adressé une lettre à laquelle , à ma connaissance, vous n'avez pas répondu. Sans doute avez-vous pensé qu'il s'agissait d'une de ces circulaires anonymes de prospection commerciale qui n'appellent pas de réponse.

Je m'adressais bien à vous personnellement. Votre nom nous avait été donné comme étant celui d'un homme concerné par l'actualité française et internationale, par les problèmes économiques et sociaux, par la vie culturelle, par les changements de notre société. Intéressé, en somme, par tout ce qui intéresse nos lecteurs.

Dès que nous avons connu votre adresse, j'ai fait vérifier sur la liste de nos abonnés de Paris, et plus précisément du XXIème arrondissement, si votre nom, Monsieur DUPONT, y figurait. Déçu de ne l'avoir pas trouvé, je vous ai aussitôt écrit.

Vous vous en souvenez peut-être, je vous écrivais que nous aurions été heureux de vous avoir comme lecteur et vous invitais à faire, au moins une fois, un simple (et court) essai du POINT.

Je vous renouvelle aujourd'hui cette invitation.

Peut-être trouverez-vous un peu excessif notre acharnement à vous convaincre. Il n'est, en fait, commandé que par notre conviction que LE POINT devrait vous plaire. Ses enquêtes sans complaisance ni interdit, son goût d'aller au fond des choses, sa volonté systématique d'indépendance, bref sa passion du journalisme authentique, font du POINT un journal à part que vous aimerez.

Si vraiment notre insistance vous excède, ne nous en veuillez pas et pensez que nous mettons la même tenacité à chercher l'information, à mener nos enquêtes, à constituer nos dossiers, la même opiniâtreté à découvrir derrière les mises en scènes les vrais mobiles, les vraies tactiques, les vrais enjeux.

Je vous prie de croire, Cher Monsieur DUPONT, en l'assurance de mes sentiments distingués.

Je vous remercie de votre réponse.

Philippe RAMOND
Directeur

140, rue de Rennes, 75006 PARIS - Tél. : 544.39.00 - SEBDO S.A. au capital de 960 000 F
R.C. Paris B 312408784

LE POINT

Paris, le 2 janvier 1981

Ref : PR/PE - 203

Monsieur J. DUPONT
79, avenue de la République
75011 PARIS

Cher Monsieur DUPONT,

Je vous ai écrit personnellement le 20 août et je n'ai pas encore reçu votre réponse. Ne voyez dans ma remarque aucun reproche. Sans doute avez-vous confondu ma lettre avec l'une de ces circulaires anonymes de prospection commerciale qui n'appellent pas de réponse.

Votre nom nous avait été donné comme étant celui d'un homme concerné par l'actualité française et internationale, par l'économie, par les progrès de la science, par l'urbanisme et l'environnement, par la médecine, par la vie culturelle, par les changements de notre société. Intéressé, en somme, par tout ce qu'aborde, chaque lundi, LE POINT.

Déçu de n'avoir pas trouvé votre nom, Monsieur DUPONT, sur la liste de nos abonnés de Paris, et plus précisément du XXIème arrondissement, je vous ai aussitôt écrit. Je vous invitais à faire, au moins une fois, un simple -et court- essai du POINT. Je vous renouvelle cette invitation.

Ma lettre du 20 août, vous vous en souvenez peut-être, commençait à peu près de la même manière. Mais si cette lettre est peu différente (pourquoi l'aurais-je changée puisque ma déception est restée la même), beaucoup de choses ont évolué depuis. L'actualité, d'abord, qui s'est tendue. L'avenir, ensuite, qui s'est assombri. LE POINT, enfin, qui s'est affirmé. Trois raisons de tester LE POINT dès maintenant.

En ce début d'année, quotidiens, radios, télévisions vont vous accabler de discours, de chiffres, de communiqués. Tantôt au sujet de l'élection présidentielle, tantôt à propos de l'actualité internationale. Parfois avec objectivité, parfois sans. Pour vous, chaque semaine, LE POINT sélectionnera ce qui est essentiel et expliquera ce qui est important. Avec sérénité et sans parti pris. Ses enquêtes sans complaisance ni interdit, son goût d'aller au fond des choses et sa volonté systématique d'indépendance font du POINT un journal à part qui vous permettra, au-dessus de la mêlée qui s'annonce, de former votre propre jugement.

Je vous remercie de votre réponse et vous prie de croire, Cher Monsieur DUPONT, à l'assurance de mes sentiments distingués.

Avec mes voeux les meilleurs
pour une année 1981 riche en
évènements personnels heureux -

Philippe RAMOND
Directeur

140, rue de Rennes, 75006 PARIS - Tél. : 544.39.00 - SEBDO S.A. au capital de 960 000 F
R.C. Paris B 312408784

34. Fait divers, II

A. Regardez le titre de l'article et essayez de deviner de quoi il s'agit dans l'article.

FAITS DIVERS

---

7 millions détournés à Marseille

L'employé modèle jouait
de l'ordinateur pour son compte

B. Lisez le premier paragraphe. Résumez les idées principales de ce paragraphe.

Début mai, dans la salle des conférences de la banque Indo-Suez, allée du Prado, à Marseille, les cadres sablent le champagne pour le pot de départ en préretraite du chef du service étranger, M. Jean Vincent, 56 ans, un employé modèle dont personne n'imagine à ce moment qu'il a tenté de détourner 7 millions de francs grâce à l'informatique.

C. Lisez silencieusement les cinq paragraphes suivants. Dites ce que vous avez compris et discutez-en avec d'autres étudiants.

Après avoir bu une dernière coupe et écouté les propos élogieux à son égard prononcés par son directeur, l'employé modèle s'éclipse quelques instants pour pianoter sur son ordinateur. Il tente d'effacer les traces de l'escroquerie informatisée qui lui a permis de virer 7 millions de francs sur un compte suisse.

Une dernière opération qui l'a perdu. Une employée, intriguée depuis peu par le zèle de M. Vincent qui accumulait les heures supplémentaires et se passionnait un peu trop pour l'informatique, retrouve une quantité de papiers portant des numéros de comptes annulés. L'enquête de la P.J. de Marseille va permettre en moins d'une semaine de comprendre le mécanisme de la fraude. Reste à retrouver l'employé modèle, qui a disparu de son domicile le lendemain du pot d'adieu.

La filature d'un camion de déménagement va conduire les policiers le 27 mai, à Besançon (Doubs) où M. Vincent s'est installé avec sa femme. L'arrestation est opérée in-extremis, car à 48 heures près le cadre de la banque filait à l'étranger.

C'est la fin de l'espoir d'une pré-retraite dorée pour M. Vincent, qui avait su tirer parti pendant deux ans de sa parfaite connaissance de la gestion par ordinateur et des mécanismes bancaires. Le système informatique de la banque lui a permis de mettre en place une ensemble de jeux d'écritures complexes et efficaces. A partir de son clavier d'ordinateur, connaissant toutes les procédures techniques de la banque, il a pu tout orchestrer : débiter des comptes, en créer d'autres fictifs et les créditer. Ceux-ci n'avaient qu'une existence « virtuelle », dans la mémoire de l'ordinateur, sans laisser de traces sur les livres de la banque.

Les enquêteurs se montrent très discrets, de même que la direction de la banque, sur les détails techniques de ce « piratage », pour éviter que la tentative de M. Vincent ne suscite des vocations. La banque, indique-t-on de bonne source, pourra récupérer les sommes virées en Suisse.

D. Enfin lisez les quatre derniers paragraphes, qui ne sont pas dans l'ordre qu'il faut. Essayez de les remettre dans l'ordre logique.

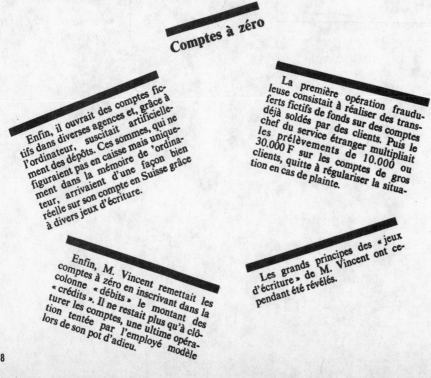

Comptes à zéro

Enfin, il ouvrait des comptes fictifs dans diverses agences et, grâce à l'ordinateur, suscitait artificiellement des dépôts. Ces sommes, qui ne figuraient pas en caisse mais uniquement dans la mémoire de 'l'ordinateur, arrivaient d'une façon bien réelle sur son compte en Suisse grâce à divers jeux d'écriture.

La première opération frauduleuse consistait à réaliser des transferts fictifs de fonds sur des comptes déjà soldés par des clients. Puis le chef du service étranger multipliait les prélèvements de 10.000 ou 30.000 F sur les comptes de gros clients, quitte à régulariser la situation en cas de plainte.

Enfin, M. Vincent remettait les comptes à zéro en inscrivant dans la colonne « débits » le montant des « crédits ». Il ne restait plus qu'à clôturer les comptes, une ultime opération tentée par l'employé modèle lors de son pot d'adieu.

Les grands principes des « jeux d'écriture » de M. Vincent ont cependant été révélés.

35. Tiers monde

Lisez rapidement l'article pour avoir une idée générale du sens. Ensuite relisez l'article plus attentivement, prenant des notes sur les points importants suivant les indications ci-dessous.

Notes

Sujet du colloque:

Lieu du colloque:

Organisé par:

Nombre de participants:

Nationalités des participants:

Définition de la «démocratie prêt-à-porter»:

Critères de base de la démocratie cités par le président Abdou Diouf:

Caractéristiques de la «démocratie sans peuple» ou de la «démocratie-fantôme»:

Multipartisme—bipartisme—monopartisme:

Situation au Sénégal:

La démocratie comme attitude:

Le bilan:

Le «jeu» démocratique (extrait d'un livre cité au colloque):

Colloque

Pendant quatre jours, des universitaires venus d'horizons divers ont discuté des modes de gouvernement en vigueur dans le Tiers Monde.

Pain, démocratie et liberté

HENRIETTE SARRASECA

Que choisir: le pain ou la liberté? Mauvaise question, alibi favori des dictateurs ont affirmé les participants au colloque de Dakar sur la démocratie dans le Tiers Monde (10–13 février). *«Certains nous reprochent [d'avoir instauré le multipartisme] a déclaré Abdou Diouf dans son discours d'ouverture, estimant que nous éparpillons nos ressources humaines alors que nous devrions consacrer tous nos efforts au développement. Nous répondons qu'il n'y a pas d'âge pour la démocratie et que celle-ci constitue un bon moyen de promouvoir la croissance économique.»*

Il est vrai que, schématiquement, les citoyens des pays développés jouissent aujourd'hui du pain et de la liberté alors que la majorité de ceux du Tiers Monde ne possèdent ni l'un ni l'autre. Des exceptions existent cependant. Parmi elles, le Sénégal, pays hôte d'un colloque qui ambitionnait de faire un vaste tour de l'horizon démocratique.

Co-organisé par l'AFETIMON (Association française pour l'étude du Tiers Monde), l'Université des Mutants de Gorée et le CESTI (Centre d'enseignement des sciences et techniques de l'information) de Dakar, financé pour l'essentiel par l'Unesco, il a permis à une cinquantaine de juristes, de politologues, d'historiens et de sociologues, africains et français, de se pencher surtout sur les conceptions et l'état de la démocratie sur le continent.

Produits autochtone ou importé? Difficile de le définir. L'esprit de démocratie n'était pas absent des sociétés africaines traditionnelles: esprit de dialogue, de concertation, contre-pouvoirs qui limitaient la puissance des rois et des chefs. Après les indépendances, pourtant, une certaine tradition pré-coloniale idéalisée, la vision d'une société sans classes, homogène, a pu être évoquée pour justifier le parti unique par exemple. Kenneth Kaunda n'a-t-il pas déclaré: *«L'idée d'une opposition est contraire à la tradition africaine.»*

«Impostures» que ces manipulations de l'histoire, s'est insurgé le Pr Ki Zerbo, tout en rejetant la *«démocratie prêt-à-porter»*, taillée sur le même patron occidental pour tous les autres pays, sans tenir compte de leurs passés. Et pourtant, même si ce système politique a été qualifié de *«premier transfert de technologie»* —*et pourquoi pas? Si nous ne l'approuvons pas, pourquoi ne pas renoncer alors aux voitures et aux appareils ménagers pour aller à dos d'âne et se contenter de calebasses!»*—il est difficile d'en parler et de l'évaluer sans se référer à certains critères de base énumérés d'abord par le président Diouf lui-même:

1. une égalité de tous les citoyens devant la loi et les institutions;
2. une égalité électorale;
3. des élections périodiques de représentants des citoyens;
4. une législation mise en oeuvre et appliquée selon la règle majoritaire;
5. une liberté d'action politique et de formulation d'une politique.

On pourrait rappeler d'autres critères encore, qui complètent le «portrait»: la liberté de la presse et de l'information, l'indépendance de la magistrature, l'alternance au pouvoir, l'existence de contre-pouvoirs qui empêchent un régime de devenir oppressif—*«un pouvoir sans contre-pouvoirs est comme un véhicule sans freins»*…

En-deçà de l'idéal, les réalités. Comment se porte la démocratie en Afrique et dans le Tiers Monde? Elle n'est bien souvent qu'une façade, le gadget à usage d'une élite, une démocratie-fantôme ou, dans le meilleur des cas, une *«démocratie sans peuples»*, selon l'expression de Birame Ndiaye, directeur de l'Université des Mutants. A cause du système de parti unique d'abord, cher aux «démocraties socialistes» mais aussi à des pays ayant adopté la voie capitaliste; une structure omniprésente et pourtant souvent creuse, ayant pour principal but et effet de renforcer le pouvoir du chef—l'opposition étant inexistante ou muselée, l'armée peut apparaître comme la seule issue pour réaliser «l'alternance».

Comment en est-on arrivé là? En Afrique noire francophone, quelques années après leur adoption, les premières constitutions des indépendances étaient abandonnées; le régime parlementaire a cédé la place au régime présidentiel et le multipartisme s'est en même temps effacé devant le bipartisme, puis le monopartisme. Dans quelques pays, on renoue pourtant aujourd'hui avec certains mécanismes du régime parlementaire: bicéphalisme chef de l'Etat-premier ministre, responsabilité politique du gouvernement. Mais, tant que demeure le parti unique, contrôlé par le chef de l'Etat lui-même, ce genre de réforme ne peut avoir qu'une portée très limitée.

Autre caractéristique des «démocraties-fantômes»: l'absence de contre-pouvoirs. Une presse nulle ou inexistante, des intellectuels bâillonnés, une opinion publique dont le seul moyen d'action est, paradoxalement, la non-participation, la force d'inertie.

Même le Sénégal qui, avec ses seize partis actuels, constitue l'exception, a du mal à ne pas vivre une «démocratie sans peuple». Malgré les efforts de décentralisation, en effet, la grande majorité de la population, c'est-à-dire les paysans, participe peu aux prises de décision, même locales. Les femmes, malgré le système de quotas, ont une influence négligeable dans la vie politique. On a souligné lors du colloque l'échec relatif des syndicats, ainsi que les entorses à la démocratie que l'on constate, il est vrai, partout dans le monde, au Nord comme au Sud—question de degrés: la fraude électorale (les Philippins en savent quelque chose), le clientélisme, l'influence de confréries, de lobbys, de groupes sociaux divers, le parachutage de candidats, la disproportion de moyens dont disposent partis au pouvoir et partis d'opposition.

Alors, le bilan est-il globalement négatif? Sans doute. La démocratie n'est pas une réalité mais une idée encore en marche et qui fait malgré tout son chemin; c'est, pour un pays, le moins mauvais des systèmes possibles—fragile cependant: on le constate souvent en Amérique latine, en Afrique même. Et, pour les hommes, c'est une attitude, un comportement, une *«pratique quotidienne de la tolérance et du sens des responsabilités»*. Pour Abdou Diouf, c'est une manière d'agir en société *«mais aussi en famille»*.

En Afrique et dans le Tiers Monde, il reste encore à réaliser la difficile synthèse entre cette idée et les contraintes de l'histoire et des cultures: le mot «égalité» ne veut pas dire la même chose en Europe et en Afrique.

Au colloque de Dakar, la plupart des participants ont réaffirmé, enfin et surtout, que parmi les critères définissant la démocratie, le plus important était le respect des droits de l'homme, l'intégrité de l'individu. Quelqu'un a alors rappelé que la moitié des réfugiés dans le monde étaient des Africains…

Le «jeu» démocratique

Extrait du livre de Michel Alliot, *la Coutume dans les droits*, cité lors du colloque par Birame Ndiaye, directeur de l'Université des Mutants.

«On jouait à toutes les tables, et souvent gros. La nuit avait été longue et la fumée qui depuis longtemps avait envahi le tripot empêchait de voir de l'une à l'autre. Il eût fallu se déplacer et l'on aurait alors été émerveillé par la variété. Chaque table jouait un jeu différent: ici les tarots, le lansquenet, le pamphile, le polignac et le mistigri, là le whist, le bridge et le boston, plus loin la belote, la bataille et même le bonneteau.

«Tout à coup les joueurs de belote quittèrent leur table pour observer celle du bridge. L'un d'eux revint assez vite ayant remarqué que les bridgeurs ne connaissaient pas les règles du jeu (il songeait à celles de la belote) et commettaient beaucoup d'erreurs: optimiste et bienveillant, il pensa qu'ils finiraient par leur apprendre à savoir jouer.

«Les ayant observés plus longtemps, un de ses camarades comprit qu'ils ne s'essayaient pas à la belote mais à un autre jeu: il nota la façon dont ils classaient les cartes et les abattaient et rejoignit le premier pour lui faire part de sa découverte. C'est alors que le troisième joueur de belote, ayant deviné qu'il fallait connaître les règles du bridge pour comprendre la partie, s'en enquit auprès des joueurs: ils lui remirent un manuel, ajoutant qu'il ne suffirait pas de bien le lire et qu'il lui faudrait une longue pratique du tripot pour prétendre connaître le bridge…

«Ainsi vont les sociétés humaines. Chacune joue un jeu particulier que les autres peinent à déchiffrer.»

WRITING ACTIVITIES

36. Liste d'achats

Vous devez faire des courses pour un pique-nique pour quatre personnes. Faites une liste d'achats, en vous référant aux produits en vente-promotion. Choisissez quelques-uns de ces produits, pour ne pas trop dépenser.

DES PRIX DES PRIX DES P

CONSERVES

Cacahuètes Bahlsen — **5,10**
Le sachet de 250 g
Prix au kg 20,40 F

Diego tartelettes — **3,30**
Fraise ou abricot, le paquet de 150 g
Prix au kg 22,00 F

Café tradition Stentor — **17,60**
Grains ou moulu, le paquet de 500 g
Prix au kg 35,20 F

Chocolat extra Poulain — **7,95**
Le lot de 3 tablettes soit 300 g
Prix au kg 26,50 F

Pulvérisé Poulain — **17,60**
Le paquet d'1 kg

Thon au naturel Albacore D'Aucy — **6,60**
La boîte 1/4 soit 154 g
Prix au kg 42,85 F

Champignons hôtel Schop — **4,90**
La boîte 1/2, soit 230 g
Prix au kg 21,30 F

Maïs doux D'Aucy — **6,80**
Le lot de 2 boîtes 1/2 soit 570 g
Prix au kg 11,93 F

CRÉMERIE

Yaourts aux fruits Yoplait — **8,40**
Le pot d'1 kg

Yopi Yoplait lait entier — **13,00**
Le lot de 12, soit 1,500 kg
Prix au kg 8,66 F

P'tit blanc battu La Roche aux Fées — **10,85**
40 % M.G. le pot d'1,200 kg
Prix au kg 9,04 F

FROMAGES

Coulommiers Bridel — **7,95**
50 % M.G., la pièce de 350 g
Prix au kg 22,71 F

Vache Grosjean — **5,75**
50 % M.G., la boîte de 12 portions, 225 g
Prix au kg 25,55 F

Brie Crémeux — **23,95**
60 % M.G., le kg

GLACES ET SURGELÉS

Grillburger Vivagel — **11,60**
La boîte de 4, soit 400 g
Prix au kg 29,00 F

Mikomint — **8,95**
La boîte de 8, soit 0,480 l
Prix au kg 18,65 F

Crème glacée Miko — **19,00**
Le bac familial de 2 litres
Prix au litre 9,50 F

CHARCUTERIE

Rillettes PP Bordeau Chesnel — **14,50**
Le lot de 2 pots, soit 440 g
Prix au kg 32,95 F

Andouillettes — **28,80**
Le kg

Merguez — **23,70**
Le kg

Brochettes de dindonneau — **29,90**
Le kg

PRIX DES PRIX DES PRIX DE

ALIMENTS ANIMAUX

Fido pâté pour chat
Aux morceaux de bœuf,
Le lot de 3 boîtes 1/2, soit 1,200 kg _____ **8,50**
Prix au kg 7,08 F

Loyal boulettes au bœuf **5,60**
La boîte 3/2, soit 1,250 kg _____
Prix au kg 4,48 F

LIQUIDES

Boisson aux oranges D'Jino **6,35**
La bouteille de 2 litres _____
Prix au litre 3,17 F

Bière Stella Artois **12,95**
Le pack de 10 × 25 cl _____
Prix au litre 5,18 F

Vin de Pays de l'Aude, La Vieille Cave **14,75**
Le lot de 3 bouteilles de 0,75 l _____
Prix au litre 6,55 F

Vin de table rouge, français La Truffière 12° **17,80**
Le pack de 3 bouteilles de 0,75 l _____
Prix au litre 7,91 F

Listel rosé sur Lie **6,80**
La bouteille de 0,75 litre _____
Prix au litre 9,06 F

PARFUMERIE HYGIÈNE

Shampooing Ultra-Doux
Germe de blé, tilleul, orties blanches ou
pour cheveux blonds,
Le flacon de 300 ml + 20 % prod. gratuit **9,10**
Prix au litre 30,33 F

Eau de Cologne Bien-Être **16,80**
Chèvrefeuille, naturelle, essence fraîche,
ou lavande, le flacon de 250 ml
Prix au litre 67,20 F

Déodorant Narta **14,95**
Cologne ou fleuri, la bombe _____

Papier hygiénique Lotus **5,95**
Double ouate, le lot de 4 rouleaux _____

DROGUERIE ENTRETIEN

Wisk **42,55**
Le bidon de 4 litres _____
Prix au litre 10,64 F

Génie paquet E3 **17,45**
Le lot de 2 paquets, soit 1,420 kg _____
Prix au kg 12,29 F

Rex **10,00**
Le flacon de 1,250 ml _____
Prix au litre 8,00 F

Glassex pistolet **7,55**
Le flacon de 500 ml _____
prix au litre 15,10 F

Glassex recharge **4,60**
Le flacon de 750 ml + 50 % produit
gratuit _____
Prix au litre 6,13 F

Brise aérosol Johnson **6,90**
Parfums assortis, la bombe _____

Insecticide Catch **9,95**
La bombe B500 _____

Plaquette insecticide Super Catch **17,50**
La pièce _____

37. Préparatifs de voyage

Vous allez bientôt faire un voyage à Paris. Composez trois listes.

1. Une liste de questions à poser à l'agent de voyages, à propos de votre hôtel, des moyens de transports, ou de la ville même.
   EXEMPLE:
   Est-ce que l'hôtel est près d'une station de métro?
   Est-ce que les restaurants sont très chers en ville?
   Est-ce que les musées sont ouverts le dimanche?
   etc.

2. Une liste de choses à emporter. Indiquez le nombre si vous voulez.
   EXEMPLE:
   trois chemisiers
   deux jupes
   un pull
   etc.

3. Une liste de choses à faire la semaine avant le départ. Utilisez le verbe à l'infinitif.
   EXEMPLE:
   acheter un guide Michelin
   téléphoner à Maman
   aller à la banque (chèques de voyage)
   etc.

38. Questionnaire Air France

Vous voyagez de New York (JFK) à Paris (Charles de Gaulle) par le vol 506 d'Air France. Vers la fin du voyage une hôtesse de l'air vous donne un formulaire à remplir. Remplissez-le, et dans votre commentaire sur le voyage, pensez à inclure au moins une remarque positive et une remarque défavorable sur le service, la cuisine, ou autre chose.

AIR FRANCE

Pour mieux vous servir, aidez-nous
à vous mieux connaître.

Nom du passager

Adresse personnelle

Pays

Ville   N° Tél.

Entreprise

N° Tél.

Adresse professionnelle

Pays   Ville

Profession

Vol Air France N°   du

Dans quelle classe voyagez-vous ?   (mois et jour)

Vous êtes monté à bord de cet avion à l'aéroport de

Vous allez quitter cet avion à l'aéroport de

Dans quelle ville avez-vous commencé le voyage ?

Dans quelle(s) ville(s) vous êtes-vous rendu ou allez-vous vous rendre au cours de ce voyage ?

Motif du voyage :   Affaires ☐   Tourisme ☐   Autres motifs ☐

Combien de vols internationaux avez-vous effectués sur Air France au cours des 12 derniers mois ?

Observations sur ce voyage :

Si vous souhaitez une réponse à vos observations, veuillez utiliser la carte de suggestions à votre disposition dans la revue «Atlas».

39. Invitation à un vernissage

Temps de l'Art — Art du Temps
peintres italiens contemporains

Vernissage
le mardi 12 juin 1988
à 18 h 30

Chateau de Tours
quai d'Orléans Tours
12 juin - 15 août 1988
tous les jours de 15 h à 20 h

Composez un petit mot pour inviter un(e) ami(e) ou un(e) collègue au vernissage annoncé. Lisez l'annonce en retenant tous les renseignements qu'il vous faudra. Suggérez un jour, une heure, et un endroit où vous pourriez vous rencontrer. Indiquez comment votre ami(e) pourrait vous joindre au cas où il/elle ne pourrait pas venir.

40. Télégramme

Vous êtes un(e) américain(e) de passage à Paris. Vous êtes à l'Hôtel du Lys (22, avenue Montparnasse, 75014 Paris). Vous vous êtes mis(e) d'accord avec un(e) ami(e) de Vallauris, dans le Sud, pour lui rendre visite et on vous attend ce soir. Pourtant vous êtes obligé(e) de retarder votre départ parce que vous attendez toujours un mandat de vos parents. Envoyez un télégramme à votre ami(e), lui expliquant le problème, et dites-lui que vous arriverez deux jours plus tard à la gare, par le train de 10h.05. Excusez-vous du retard.

N'oubliez pas d'indiquer, dans les cases prévues à cet effet, le nombre de mots, la date et l'heure, aussi bien que tout autre renseignement demandé y compris «Services spéciaux» (voir explication ci-jointe). Inventez le nom et l'adresse de votre ami(e), et cherchez le code postal de Vallauris.

N° 698 TÉLÉGRAMME	Étiquettes		N° d'appel :
		Timbre à date	INDICATIONS DE TRANSMISSION
Ligne de numérotation			
ZCZC	N° télégraphique	Taxe principale.	
Ligne pilote		Taxes accessoires	N° de la ligne du P.V. :
		Total . .	Bureau de destination — Département ou Pays
Bureau d'origine	Mots	Date	Heure — Mentions de service

Services spéciaux demandés : (voir au verso)

Inscrire en **CAPITALES** l'adresse complète (rue, n° bloc, bâtiment, escalier, etc...), le texte et la signature (une lettre par case ; **laisser une case blanche entre les mots**).

Nom et adresse

TEXTE et éventuellement signature très lisible

Pour accélérer la remise des télégrammes indiquer le cas échéant, le numéro de téléphone (1) ou de télex du destinataire
TF _____ TLX _____

Pour avis en cas de non remise, indiquer le nom et l'adresse de l'expéditeur (2) :

728678 Y - Cy. Paris - 7/80.

SERVICES SPÉCIAUX

Inscrivez sur la ligne «Service spéciaux demandés» :

Remettre x (date) : le télégramme peut être déposé dans le délai de dix jours précédant la date de remise.

Illustré : le texte de vos vœux, félicitations, compliments, etc., est transcrit sur une formule illustrée.

Urgent : le télégramme est transmis et remis en priorité.

Réponse payée (x) francs : vous payez d'avance la réponse que vous attendez de votre correspondant ; indiquez la somme que vous versez.

Il existe d'autres services spéciaux :
Renseignez-vous au guichet.

Code Postal

p

Pégomas	06580	Pégomas
Peille	06440	L Escarène
Peillon	06440	L Escarène
Peira Cava	06440	L Escarène
Péone	06470	Guillaumes
Peymeinade	06530	Peymeinade
Pierlas	06260	Puget Théniers
Pierrefeu	06910	Roquesteron
Plan du Var	06670	St Martin du Var
Plascassier	06130	Grasse
Puget Rostang	06260	Puget Théniers
Puget Théniers	06260	Puget Théniers

r

Revest les Roches	06830	Gilette
Rigaud	06260	Puget Théniers
Rimplas	06420	St Sauveur sur Tinée
Roquebillière	06450	Lantosque
Roquebrune Cap Martin	06190	Roquebrune Cap Martin
Roquefort les Pins	06330	Roquefort les Pins
Roquesteron	06910	Roquesteron
Roquesteron Grasse	06910	Roquesteron
Roubion	06420	St Sauveur sur Tinée
Roure	06420	St Sauveur sur Tinée

s

Sallagriffon	06910	Roquesteron
Saorge	06540	Breil sur Roya
Sauze	06470	Guillaumes
Séranon	06750	Caille
Sigale	06910	Roquesteron
Sospel	06380	Sospel
Spéracèdes	06530	Peymeinade
St André	06730	St André
St Antonin	06260	Puget Théniers
St Auban	06850	St Auban
St Blaise	06670	St Martin du Var
St Cézaire sur Siagne	06780	St Cézaire sur Siagne
St Dalmas de Tende	06430	Tende
St Dalmas le Selvage	06660	St Etienne de Tinée
St Etienne de Tinée	06660	St Etienne de Tinée
St Isidore	06200	Nice
St Jean Cap Ferrat	06230	Villefranche sur Mer
St Jean la Rivière	06450	Lantosque
St Jeannet	06640	St Jeannet
St Laurent du Var	06700	St Laurent du Var
St Léger	06260	Puget Théniers
St Martin d Entraunes	06470	Guillaumes
St Martin du Var	06670	St Martin du Var
St Martin Vésubie	06450	Lantosque
St Paul	06570	St Paul
St Roman de Bellet	06200	Nice
St Sauveur sur Tinée	06420	St Sauveur sur Tinée
St Vallier de Thiey	06460	St Vallier de Thiey
Ste Agnès	06500	Menton

t

Tende	06430	Tende
Théoule sur Mer	06590	Théoule sur Mer
Thiéry	06710	Villars sur Var
Thorenc	06750	Caille
Toudon	06830	Gilette
Touet de l Escarène	06440	L Escarène
Touet sur Var	06710	Villars sur Var
Tourette du Château	06830	Gilette
Tourette sur Loup	06140	Vence
Tournefort	06710	Villars sur Var
Tourrette Levens	06690	Tourrette Levens

u

Utelle	06450	Lantosque

v

Valberg	06470	Guillaumes
Valbonne	06560	Valbonne
Valdeblore	06420	St Sauveur sur Tinée
Valderoure	06750	Caille
Vallauris	06220	Vallauris
Venanson	06450	Lantosque
Vence	06140	Vence
Villars sur Var	06710	Villars sur Var
Villefranche	06230	Villefranche sur Mer
Villeneuve d Entraunes	06470	Guillaumes
Villeneuve Loubet	06270	Villeneuve Loubet

rédigez bien vos adresses:

code général

M. Z...
Rue du Château
06240 BEAUSOLEIL

M.Y...
Rue du Pont
CABRIS
06530 PEYMEINADE

services publics

EDF
06601 ANTIBES CEDEX

usagers importants

Éts DURAND
BP 17
06029 NICE CEDEX

41. Les noms de la rentrée

Regardez les petites descriptions des noms de la rentrée. Choisissez trois personnes que vous aimeriez interviewer si vous étiez journaliste, et pour chaque personne, écrivez au moins cinq questions que vous lui poseriez.

VOCABULAIRE UTILE

rentrée, f. *beginning of the fall season*

*Les 100 noms de la rentrée.
Acteurs, danseurs, chanteurs,
mais aussi architectes,
écrivains, décorateurs,
cuisiniers... Ils seront
au moins 100 à faire
parler d'eux
à la rentrée*

Elle voit grand. Après un Olympia triomphal, la saison dernière, la voilà au Palais des sports pour trois soirs, à la fin d'octobre. Ultime confirmation de la popularité de cette jolie punk de luxe.

SONNY ROLLINS

Il est au saxo ce que Miles Davis est à la trompette. Après avoir joué avec les plus grands (Thelonious Monk et Bud Powell), être passé du be-bop au jazz rock, sans oublier le free jazz, ce saxophoniste d'exception fait l'ouverture du VIIe Festival de jazz de Paris. Le 28 octobre, au Grand Rex.

LUDMILA SEMENIAKA

La plus divine étoile du Bolchoï se produira au Palais des congrès du 27 septembre au 27 octobre, dans le rôle de Gisèle, et dansera également Raimonda dans la nouvelle version du tout-puissant Gregorovitch, le tsar du Bolchoï. Va-t-elle en profiter pour passer à l'Ouest ?...

JOËL REBUCHON

La star des fourneaux de la rue de Longchamp (4 étoiles au Michelin, 19,5 dans le Gault et Millau et 4 points au Champerard) livre ses secrets aux gourmands dans un ouvrage à paraître en octobre, chez Laffont. Recettes faciles ou compliquées, il y en aura pour tous les gouts.

RALPH LAUREN

Cet Américain, doté d'un physique à faire pâlir les héros de « Dynasty », est le père du polo à motif « polo », grand concurrent du crocodile Lacoste. Il devait présenter à Paris sa collection de vêtements chics et chers. Hélas ! le défilé n'aura pas lieu, mais on pourra s'approvisionner dans sa boutique, place de la Madeleine.

42. Immobilier

Vous avez reçu une bourse de six mois pour faire des recherches à la Bibliothèque Nationale à Paris. Il vous faut trouver un logement bon marché pour cette période. Ecrivez une lettre à l'agence indiquée pour expliquer ce qu'il vous faut (durée et but du séjour; prix que vous seriez disposé(e) à payer; si vous seriez d'accord pour partager un appartement, etc.). Terminez votre lettre par une formule convenable.

43. Directives

Un(e) ami(e) qui habite Chartres va venir garder votre appartment et votre chien à Paris pendant que vous passerez une semaine de vacances en Italie. Vous partirez pendant la matinée du premier août, et votre ami(e) arrivera pendant la soirée.

Composez une lettre dans laquelle vous confirmez les projets sur lesquels vous vous êtes mis(es) d'accord, et donnez à votre ami(e) les instructions suivantes.

1. Quel métro prendre de la Gare Montparnasse jusqu'à chez vous (400, rue Vavin, à l'angle de la rue d'Assas et de la rue Vavin);

2. Où trouver la clé de votre appartement;

3. Ce qu'il faut faire avec le courier;

4. Comment s'occuper du chien. ce qu'il faut lui donner à manger et à boire, quand il faut le sortir, et toute autre indication que vous jugerez utile à cet égard.

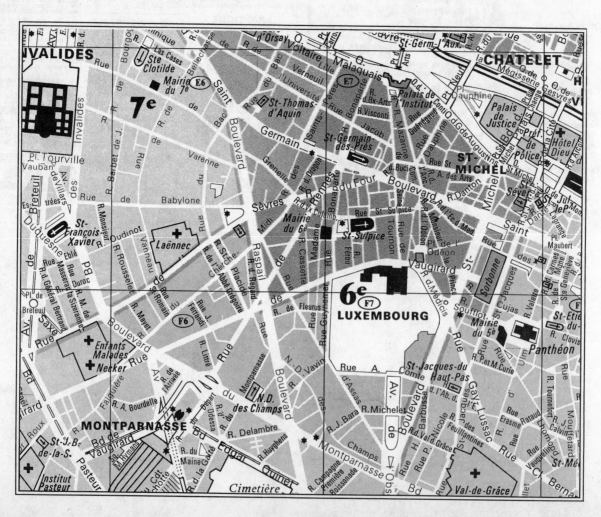

44. Biographie

A. En suivant le modèle ci-joint, qui est la biographie du poète Charles Baudelaire, choisissez un artiste ou un personnage de l'histoire et écrivez une liste de dates et d'événements importants dans la vie de cette personne.

B. Quand votre instructeur aura verifié votre liste et que vous l'aurez corrigée, à partir de ces notes faites une petite narration, utilisant des temps passés dans des phrases complètes.

CHARLES BAUDELAIRE

	LA VIE ET L'ŒUVRE DE BAUDELAIRE
1821	Naissance de Ch. Baudelaire à Paris (9 avril).
1827	Mort de son père.
1841	Voyage jusqu'à l'île Bourbon (la Réunion).
1842	Installation à Paris. Premiers essais poétiques. Fréquentation des milieux littéraires (Th. Gautier, Sainte-Beuve).
1844	Il est pourvu d'un conseil juridique, qui l'empêche de dilapider son héritage.
1845	Premières publications : *le Salon de 1845.*
1848	Brève participation à l'action politique. Il commence à traduire les œuvres d'Edgar Poe.
1855	Publication de dix-huit poèmes dans *la Revue des Deux Mondes.* Sa réputation est établie.
1857	*Les Fleurs du mal.* Procès. Condamnation de certaines pièces du recueil qui doivent être retranchées de l'ouvrage pour leur immoralité. Premiers poèmes en prose.
1859	*Le Salon de 1859.*
1860	*Les Paradis artificiels.*
1861	Deuxième édition des *Fleurs du mal,* augmentée de trente-cinq poèmes. Article sur *Richard Wagner.*
1862	Vingt et un *Petits Poèmes en prose* publiés dans *la Presse.*
1864	Départ pour Bruxelles, où il donne des conférences. Publication dans des journaux et revues des *Petits Poèmes en prose* (dont six sous le titre *le Spleen de Paris*).
1866	Atteint de paralysie à Namur (mars). *Les Nouvelles Fleurs du mal* (16 pièces) paraissent dans *le Parnasse contemporain.*
1867	Mort de Charles Baudelaire dans une clinique de Paris (31 août).

45. Répondez, s'il vous plaît

Lisez la lettre de Roland à Louise. Prenez le rôle de Roland et écrivez une
réponse plausible selon votre fantaisie.

Paris, le 2 mars

Mon cher Roland,

    Imagine mon inquiétude hier soir quand je
ne t'ai pas trouvé à la descente du train de 20 heures.
Je t'ai attendu plus d'une heure à la gare, pensant que tu
serais peut-être dans le train suivant. Mais personne. Pas
de message non plus. Je n'ai pas pu fermer l'œil de la nuit.
Te serait-il arrivé quelque chose, aurais-tu des ennuis dont
tu ne m'aurais pas parlé? S'agit-il d'ennuis de santé?

    Je me rappelle que la dernière fois que tu étais à
Paris, tu étais plus réservé que jamais, comme si quelque chose
que tu ne voulais pas avouer te tracassait. Pourtant, je n'ai
pas osé te poser de questions à ce moment là. Mais il me
semble qu'il est grand temps, maintenant, que tu me confies
ce qui ne va pas. Pourquoi avoir annulé ce voyage!

    Tu me laisses dans une inquiétude difficile à
supporter. Donne-moi de tes nouvelles au plus tôt je t'en prie.
Dis-moi ce que tu deviens.

Bien à toi,

Louise

46. Spécial Québec

Lisez l'article sur le Québec, et en vos propres mots, faites un resumé de l'article. Votre resumé doit comprendre:

Une brève introduction au sujet

Les points importants des trois parties de l'article:
la sauvegarde de la langue et de la culture francophones au Québec
la relation entre la majorité francophone et la minorité anglophone
le système scolaire

⚜ SPÉCIAL QUÉBEC ⚜

Un îlot francophone en Amérique du Nord

Un sixième de la population québécoise est de langue anglaise, descendant d'Anglais, d'Irlandais et d'Ecossais arrivés à partir de 1760, après la conquête de la Nouvelle-France par l'Angleterre. Mais depuis le 17e siècle, le reste du Canada s'est développé, au-delà du Québec et de l'Ontario (enjeux canadiens de la conquête) et s'est rendu jusqu'à l'île de Vancouver sur la côte ouest.

La sauvegarde de la langue

La proximité des Etats-Unis dont la culture déborde les frontières, l'influence quotidienne des modes de vie et de la technologie de ce puissant voisin avec lequel les échanges commerciaux, industriels et touristiques sont nombreux. . . Tout cela a fait du Québec un pays résolument nord-américain.

Le Québec s'est donc retrouvé entouré sur trois côtés par des millions d'anglophones ; la survie de sa langue, de sa culture et de sa religion est devenue une lutte de tous les instants. Mais il a gagné le défi : il est « différent » tout en étant du même « Nouveau-Monde » que ses voisins. Il est nord-américain, mais il vit et pense en français.

Quand la colonie du Canada est devenue possession anglaise en 1763, les colons

Principale enclave francophone sur le continent nord-américain, le Québec (5,3 millions de francophones sur 6,4 millions d'habitants) a réussi à conserver son identité linguistique et culturelle depuis plus de deux siècles malgré son environnement anglo-américain.

Ville de Montréal

Exposition de peinture en plein air, rue Ste-Amable, dans le Vieux Montréal

français ont entretenu peu de contacts avec les conquérants anglais. Mais il a fallu attendre 1867 pour voir la réalité de la coexistence de deux peuples distincts s'imposer au Parlement de Londres. L'Acte de l'Amérique du Nord britannique, tout en fédérant l'Ontario, le Québec, le Nouveau-Brunswick et la Nouvelle-Ecosse, donnait en effet à l'anglais et au français un statut de langues officielles non seulement au Québec, mais aussi au Parlement central et devant les tribunaux du nouveau Canada fédéré.

Affirmer une identité française

Toute l'histoire québécoise jusqu'à nos jours est basée sur la reconnaissance de cette francophonie d'Amérique : le droit pour le Québec d'être une nation française, tout en respectant le droit pour ses citoyens anglophones minoritaires de vivre selon leur culture et leur langue. Aujourd'hui, les francophones ne comptent plus au Canada que pour 25,5 % de la population totale, mais le Québec à lui seul regroupe 85 % de ceux-ci. Plus le Québec évolue, se modernise et affirme ses liens nord-américains, plus il lui paraît essentiel d'affirmer son identité française.

Différents gouvernements, au cours du dernier siècle, ont agi de manières diverses pour atteindre cet objectif. N'en retenons

que la période la plus proche : en 1977, l'Assemblée nationale du Québec adoptait la Chartre de la langue française dans le but « d'assurer la qualité et le rayonnement de la langue française » dans la civilisation nord-américaine. La Chartre fait ainsi du français la langue de l'Etat et de la loi, aussi bien que la langue normale et habituelle du travail et de l'enseignement, des communications, du monde des affaires.

Dès le début de l'industrialisation du Québec, ses habitants s'étaient en effet rendu compte que la langue anglaise, dans l'industrie et dans les affaires, était un facteur d'assimilation : il fallait connaître l'anglais pour trouver du travail et occuper des postes de direction.

Dès lors, la Chartre s'affirme comme un projet de société. Elle porte sur l'ensemble de la vie en commun et entend protéger les droits collectifs de la majorité francophone, tout en respectant les droits individuels des minorités ethniques (706 000 anglophones et 426 000 parlant d'autres langues).

Le Québec n'est pas devenu pour autant exclusivement français. Mais le français y a la primauté : les entreprises, le commerce et les affaires se francisent pour que la majorité de la population puisse y faire carrière dans sa langue. Dans le même temps, les anglophones, quel que soit leur rang dans l'entreprise, continuent à utiliser l'anglais entre eux.

L'éducation repensée

De la maternelle à l'université, plus de 1,4 millions d'étudiants jouissent d'un système d'enseignement complètement repensé au milieu des années 60, afin de mieux l'adapter aux exigences d'un monde moderne.

Les populations francophones et anglophones ont chacune leur réseau d'établissements publics et gratuits, aux niveaux élémentaire, secondaire et collégial. Ces écoles et collèges peuvent être confessionnels ou laïcs. Il existe aussi un réseau d'écoles privées (8 % de la population scolaire) avec frais de scolarité, mais ce réseau est fortement subventionné par l'Etat.

On compte six universités privées au Québec dont trois de langue anglaise. L'Etat a aussi créé en 1968 l'Université du Québec. Décentralisée dans six régions, comprenant deux instituts de recherche et deux écoles supérieures ainsi qu'une Télé-Université, elle compte 62 000 étudiants, ce qui en fait la plus importante institution universitaire du Québec.

47. Dossier d'inscription: Etudes de management

Vous êtes un(e) étudiant(e) étranger(-ère) et vous faites une demande d'inscription à un programme «M.B.A.» en France.

1. Lisez la brochure de renseignements sur le programme.

2. Remplissez le dossier d'inscription.

3. Ecrivez une lettre, à envoyer avec le dossier, pour vous présenter comme candidat(e). Expliquez pourquoi le programme vous intéresse, spécifiez vos qualifications, et donnez tout autre renseignement que vous jugez nécessaire. Adressez la lettre à Monsieur J. Dupont, Directeur, Centre d'Admission des Etudiants Etrangers (voir brochure pour l'adresse).

VOCABULAIRE UTILE

cadre, m. *executive, manager*

comptabilité, f. *accounting*

dirigeant, m. *director*

enquête sur le terrain, f. *field study*

entreprise, f. *firm*

fiscalité, f. *tax system*

frais de scolarité, m. *tuition fees*

gestion, f. *management*

Grande Ecole, f. *prestigious national university with competitive entrance exam*

hébergement, m. *housing*

stage, m. *training program*

LA FORMATION SUPÉRIEURE AU MANAGEMENT

QUATRE GRANDES ECOLES FRANÇAISES DE MANAGEMENT

Elles ont pour **vocation** de former des cadres et des dirigeants d'entreprise capables de concevoir et de mettre en œuvre des structures nouvelles adaptées aux évolutions de nos sociétés. Elles sont caractérisées par un système éducatif fondé sur une **sélection** rigoureuse permettant de recruter des étudiants ayant une excellente formation de base, un goût certain pour la prise de responsabilité et de décision. Chaque année, celles-ci sélectionnent 800 étudiants sur 4 000 candidats.

Elles dispensent une formation de **généraliste de très haut niveau,** centrée sur le monde des affaires et l'entreprise européenne et internationale.

Elles bénéficient d'un **corps professoral permanent** (250 professeurs pour les quatre écoles) de formation supérieure, ayant acquis une solide expérience de la vie des affaires et de la participation aux enseignements de très nombreux vacataires, cadres ou dirigeants d'entreprise.

Leur **ouverture internationale,** fondée sur la coopération avec les meilleures écoles et universités étrangères, permet une intégration complète de cette dimension dans le cursus des études. Ces universités, avec lesquelles elles sont étroitement liées, situées à Birmingham, Londres, Manchester, Sarrebrück, Cologne, Milan, Barcelone, Amsterdam, Tokyo, San Francisco, New York, Montréal, Laval, São-Paulo et Stockholm, offrent un programme international d'échange d'étudiants.

Nos grandes écoles sont des membres actifs de la Conférence des Grandes Ecoles (Paris) et de l'European Foundation of Management Development (Bruxelles) homologue européen de "The American Assembly of Collegiate Schools of Business".

H.E.C. - PARIS
Ecole des Hautes Etudes Commerciales
1, rue de la Libération - B.P. 100
78350 JOUY-EN-JOSAS - FRANCE
Tél. (3) 956.80.00

E.S.C.P. - PARIS
Ecole Supérieure de Commerce de Paris
79, avenue de la République
75011 PARIS - FRANCE
Tél. (1) 355.39.08

esc lyon

E.S.C. - LYON
Ecole Supérieure de Commerce de Lyon
23, avenue Guy-de-Collongue
69130 ECULLY CEDEX - FRANCE
Tél. (7) 833.81.22

C.E.R.A.M. - NICE
Centre d'Enseignement et de Recherche
Appliqués au Management
Sophia-Antipolis B.P. 20
06560 VALBONNE CEDEX - FRANCE
Tél. (93) 33.95.95

DEUX ANNÉES D'ÉTUDES

Ces deux années d'études comportent quatre éléments principaux :

● **Une formation commune**
Toutes les matières de base sont enseignées : économie, comptabilité, finance, contrôle de gestion, marketing, affaires internationales, droit, fiscalité, techniques quantitatives, informatique, gestion des ressources humaines, différentes langues vivantes.

● **Une période de stage** de trois mois à un niveau important de responsabilité. Ces expériences de stages sont prises fortement en considération par les entreprises françaises et européennes et cela permet aux étudiants de s'intégrer très rapidement au monde des affaires.

● **Cours d'approfondissement ou de spécialisation :** chaque école offre un large éventail de choix de cours: affaires internationales, comptabilité, contrôle de gestion, finance, marketing, planification et prévision, gestion des organisations publiques, création d'entreprise, organisation et personnel...

● **Cours de stratégie et politique d'entreprise**
Une très large place est faite, au cours de la deuxième année, aux problèmes de stratégie et structure des entreprises et au processus de décision.

LA PÉDAGOGIE

Une pédagogie originale allie des cours de base classiques à des **méthodes actives et participatives :** séminaires, travaux de groupes, discussions de cas, enquêtes sur le terrain, recherches et mémoires individuels ou collectifs, jeux d'entreprise, utilisation de moyens informatiques et audio-visuels.

Par ailleurs, **les stages en entreprise** sont intégrés depuis de longues années dans le cursus normal et obligatoire des études. Ils offrent à l'étudiant, par une approche concrète, une meilleure connaissance des entreprises françaises et européennes et de leur environnement.

L'enseignement est dispensé en français. En plus du français et de l'anglais, les étudiants doivent étudier une autre langue : espagnol, allemand, italien, arabe, russe, japonais, portugais...

Des programmes internationaux d'échanges offrent aux étudiants l'opportunité de faire leur deuxième année d'études au sein du programme **"Graduate"** d'une ou deux universités étrangères avec lesquelles il existe un programme privilégié d'échange d'étudiants.

DIPLÔMES ET CARRIÈRES

Le diplôme de chacune des quatre grandes écoles françaises est approuvé par le Ministère de l'Education Nationale et est très largement apprécié par le monde des affaires.

Chaque école a un Bureau d'Information sur les Carrières et organise sur son campus, pour les étudiants, des réunions et des interviews avec des employeurs potentiels. L'intérêt que le monde des affaires porte à l'enseignement de ces grandes écoles est prouvé par le grand nombre d'entreprises proposant ces interviews et de nombreux stages. Celles-ci participent également aux séminaires et aux programmes de recherche mis sur pied par ces institutions.

Le diplôme de Grande Ecole est l'homologue français du Master anglo-saxon.

INFORMATIONS PRATIQUES

Frais de scolarité, d'hébergement et aides financières

Le coût de la scolarité est d'environ 61 000 F/an. La contribution des étudiants de la C.E.E. aux frais de scolarité est de l'ordre de 14 000 F/an, la différence étant couverte par des aides publiques et les contributions des entreprises. Par extension, les étudiants hors C.E.E. admis au Programme Supérieur de Management peuvent bénéficier de ces dispositions préférentielles. En plus des frais de scolarité de 14 000 F/an, les dépenses annuelles pour un étudiant sont de l'ordre de 37 000 F/an (frais d'hébergement, de restauration sur le campus et les frais personnels).

Assurances Sociales (accidents-maladies)

Suivant les pays d'origine, tout étudiant devra obligatoirement justifier d'une inscription à une Caisse de Sécurité Sociale ou une assurance équivalente en France.

Logement

Il est assuré sur les campus ou facilité par un service logement qui tient à la disposition des étudiants un fichier de chambres et d'appartements en ville.

Restaurant universitaire

Un restaurant universitaire fonctionne sur place et chaque institution possède une cafétéria.

Déroulement de l'année académique

Les cours se déroulent de la mi-septembre jusqu'à la fin juin. Des cours spéciaux de management, de français intensifs et des périodes de stages en entreprise sont organisés en juillet, août et septembre.

Activités extra-scolaires

De nombreuses activités sportives, culturelles, sociales sont organisées et gérées par les étudiants.

Association des Anciens Elèves

Ces quatre écoles représentent plus de 30 000 anciens élèves répartis à travers le monde : 25 % d'entre eux exercent des fonctions de direction générale.

Permis de travail

Les ressortissants de la C.E.E. peuvent travailler librement dans chacune des nations signataires du Traité de Rome. Les étudiants d'autres nationalités doivent examiner auprès des ambassades et consulats de France les modalités de leur installation.

ADMISSIONS

Une procédure d'admission est mise en place à l'intention des étudiants titulaires d'un diplôme étranger d'enseignement supérieur du niveau de la licence française ou du bachelor anglo-saxon. Un bon niveau de français est requis pour les épreuves d'admission, qui ne nécessitent aucune préparation particulière.

ÂGE MOYEN D'ENTRÉE : 23-24 ans.

TESTS ÉCRITS

● **SOIT** le GRADUATE MANAGEMENT ADMISSION TEST - G.M.A.T. - (information auprès : "Education Testing Service" Box 966 R Princeton, New Jersey 08541-USA)
et
le CERTIFICAT PRATIQUE DE FRANÇAIS COMMERCIAL ET ÉCONOMIQUE délivré par la Chambre de Commerce et d'Industrie de Paris (information auprès des Chambres de Commerce et d'Industrie de chaque pays).

● **SOIT** le TEST D'APTITUDE AUX ÉTUDES DE MANAGEMENT - T.A.E.M. - (2 à 4 heures), équivalent français du Graduate Management Admission Test (information auprès du Centre International d'Admission aux études de Management).

ÉPREUVE ORALE (45 minutes)

Un entretien pour **tous** les candidats devant une Commission qui cherchera à apprécier leur maturité, leurs motivations à faire des études supérieures de management, leur niveau de français et leur potentiel en tant que futur responsable d'entreprise.

Le jury d'admission tiendra compte des résultats obtenus aux épreuves d'admission et des dossiers des candidats (diplômes, activités extra-scolaires...).

Une attention toute particulière est accordée aux deux lettres de références demandées aux candidats :
● l'une à caractère académique
● l'autre à caractère professionnel

Les candidats au programme doivent envoyer **AVANT LE 1er MARS** :
● un dossier de candidature
● une copie de leurs diplômes
● une somme de 800 **FF** pour droits d'inscription.

Les épreuves d'admission pourront se dérouler dans les centres suivants : Abidjan, Athènes, Beyrouth, Buenos Aires, Caracas, Francfort, Hong Kong, La Haye, Lisbonne, Londres, Madrid, Mexico, Milan, Montréal, New Delhi, New York, Paris, Pékin, San-Francisco, São-Paulo, Séoul, Singapour, Stockholm, Sydney, Taïwan, Tokyo.

Pour obtenir des informations complémentaires et des dossiers d'inscription, s'adresser au :

CENTRE INTERNATIONAL D'ADMISSION AUX ÉTUDES DE MANAGEMENT
Madame HEBERT
1, rue de la Libération - B.P. 100
78350 JOUY-EN-JOSAS (FRANCE)
Tél. : (3) 956.80.00 - Télex : CESA 697942 F

CENTRE INTERNATIONAL D'ADMISSION AUX ÉTUDES DE MANAGEMENT

INTERNATIONAL MANAGEMENT ADMISSION CENTER

PHOTOGRAPHIE

Nom : _____

Prénom : _____

1985

DOSSIER D'INSCRIPTION
A L'ADMISSION AU PROGRAMME
SUPÉRIEUR DE MANAGEMENT
DES GRANDES ÉCOLES FRANÇAISES

(A remplir personnellement par le candidat)

Ce dossier est à retourner au

CENTRE INTERNATIONAL D'ADMISSION AUX ÉTUDES DE MANAGEMENT

Madame HÉBERT
1, rue de la Libération
78350 JOUY-EN-JOSAS - FRANCE
Tél. (3) 956.80.00 - Télex : CESA 697942 F

Cette admission est commune aux grandes écoles françaises suivantes :

L'ÉCOLE DES HAUTES ÉTUDES COMMERCIALES
L'ÉCOLE SUPÉRIEURE DE COMMERCE DE PARIS
L'ÉCOLE SUPÉRIEURE DE COMMERCE DE LYON
LE C.E.R.A.M. DE NICE

Celle-ci est réservée aux candidats titulaires d'un diplôme de l'enseignement supérieur étranger.

Ces grandes écoles sont des membres actifs de la CONFÉRENCE DES GRANDES ÉCOLES (Paris)
et de l'EUROPEAN FOUNDATION OF MANAGEMENT DEVELOPMENT (Bruxelles), homologue européen
de "The American Assembly of Collegiate Schools of Business".

MONTANT DU DROIT D'INSCRIPTION : 700 FF

Mode de règlement :

☐ Chèque bancaire ci-joint à l'ordre du C.E.S.A.

☐ Chèque postal ci-joint à l'ordre du C.E.S.A.
Compte n° 9065 - 63 PARIS.

☐ Virement bancaire.
Préciser le nom de la banque sur laquelle sera effectué le virement

_____

_____

☐ Autre mode de règlement

_____

_____

IMPORTANT :
- Tout candidat ne s'étant pas acquitté de ses droits d'inscription ne sera pas convoqué aux tests.
- Les droits d'inscription sont perçus pour la session en cours.
Ceux-ci restent définitivement acquis au Centre International d'Admission aux études de Management (C.I.A.M.) et ne peuvent, en aucun cas, être remboursés ou reportés sur une session ultérieure.

*CLÔTURE DES INSCRIPTIONS : 15 AVRIL 1985

RENSEIGNEMENTS SUR LE CANDIDAT

1 - NOM (en lettres capitales) ……………………………………

2 - PRÉNOMS (souligner le prénom usuel) ……………………………

3 - DATE DE NAISSANCE ……………… LIEU ………………

   PAYS ……………………………………………   PHOTOGRAPHIE

4 - NATIONALITÉ …………………………………………

5 - SEXE MASCULIN ☐   SEXE FÉMININ ☐

6 - SITUATION DE FAMILLE : Célibataire ☐   Marié(e) ☐

   SI VOUS ÊTES MARIÉ(E), INDIQUEZ :

   – La profession du conjoint ……………………………………

   – Le nombre d'enfants ……………… Age ……………

7 - SITUATION MILITAIRE ………………………………………

8 - ADRESSE PERSONNELLE COMPLETE ……………………………

   ……………………………………………………………………

   TÉLÉPHONE ………………………………………………

9 - NOM DU PÈRE ……………………… PROFESSION …………………

10 - NOM DE LA MÈRE ………………… PROFESSION …………………

11 - ADRESSE DES PARENTS ……………………………………

   ……………………………………………………………………

   TÉLÉPHONE ………………………………………………

12 - NOMBRE DE FRÈRES ET SŒURS ……………………………

   INDIQUEZ LEUR PROFESSION OU LES ÉTUDES SUIVIES …………………

   ……………………………………………………………………

   ……………………………………………………………………

ETUDES EFFECTUEES

13 - ÉTUDES SECONDAIRES

	Diplôme obtenu	Année
……………………	……………………	……………………
……………………	……………………	……………………
……………………	……………………	……………………
……………………	……………………	……………………

14 - ÉTUDES SUPÉRIEURES (y compris études en cours et études complémentaires non sanctionnées par un diplôme).

	Diplôme obtenu	Année
……………………	……………………	……………………
……………………	……………………	……………………
……………………	……………………	……………………

ACTIVITE PROFESSIONNELLE

15 - Avez-vous exercé une activité professionnelle à plein temps ?
   Si oui, donnez le maximum de précisions sur les fonctions que vous avez occupées.
   (Nom de l'entreprise, dates, etc.).

....
....
....
....
....
....

LANGUES

16 - LANGUE MATERNELLE ....

   Connaissance des autres langues; répondre en utilisant le code suivant :

   A   parfait   B   très bon   C   moyen   D   faible

	PARLÉE	*LUE*	*ÉCRITE*
☐ FRANÇAIS			
☐ ANGLAIS			
☐ ALLEMAND			
☐ ESPAGNOL			
☐ ITALIEN			
☐ RUSSE			
☐			
☐			

17 - Avez-vous passé le TOEFL (Test of English as a Foreign Language)   OUI ☐   NON ☐
   Avez-vous passé le GMAT (Graduate Management Admission Test)   OUI ☐   NON ☐
   Si oui, joindre la photocopie des résultats.

QUESTIONS D'ORDRE PERSONNEL

18 - Nous vous demandons d'y répondre avec sincérité et spontanéité.

A) Quelles activités extra-scolaires et extra-professionnelles avez-vous exercées au cours des dernières années (loisirs, vie sociale, etc.).

....
....
....
....
....

B) Avez-vous effectué des travaux personnels ou participé à des travaux collectifs (mémoires, thèses...) ? Commentez.

....
....
....
....

C) Pourquoi avez-vous décidé de faire des études de management en France ?

....
....
....

D) Vous est-il déjà arrivé d'assumer une responsabilité importante ? Dans quelles circonstances ?

....
....
....
....

E) A votre avis, quels sont vos atouts et vos points faibles ?

....
....
....
....

F) Comment souhaitez-vous orienter votre carrière professionnelle ?

....
....
....
....

G) Si votre candidature n'était pas retenue à ces différentes Grandes Ecoles, que feriez-vous ?

....
....
....

H) Quel est l'événement de votre vie qui vous a le plus marqué ? Pourquoi ?

....
....
....

I) Comment comptez-vous assurer le financement de vos études dans une grande école française ?

....
....
....

J) Comment avez-vous eu connaissance de ce Programme Supérieur de Management ?

....
....
....

K) Indiquer tous les renseignements ou questions que vous jugez utiles à l'étude de votre candidature.

....
....
....
....

DATE ET SIGNATURE